Christian Schulz

Angst und Film

Methoden, Motive und Kontinuitäten

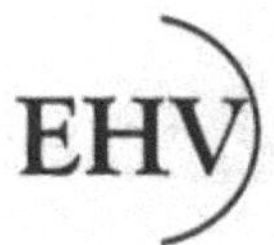

Schulz, Christian

Angst und Film
Methoden, Motive und Kontinuitäten

ISBN: 978-3-86741-771-6
Auflage: 1
Erscheinungsjahr: 2012
Erscheinungsort: Bremen, Deutschland
Cover: Ausschnitte aus „Se7en“ (1995), „Nosferatu“ (1922), „Alien“ (1979), „Psycho“ (1960), „The Exorzist“, „Rec“ (2007), „Lost Highway“ (1997)

www.eh-verlag.de

Christian Schulz

Angst und Film

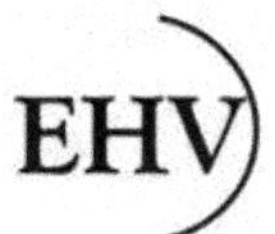

Inhaltsverzeichnis

1. Einleitung

Angst hat Konjunktur. Der Spiegel titelte im Oktober 2010 von der „Macht der Angst“ und berichtete, dass 14,2% der Bevölkerung unter einer Angststörung leiden.[1] Obwohl in unserer oftmals als Schwäche angesehen, ist sie sowohl ein Grundaffekt des menschlichen Charakters als auch genauso mannigfaltig in ihren Erscheinungsformen. Wir können uns vor nahezu allem fürchten: vor Tieren, Gewitter, Dunkelheit, Krankheiten, Autoritätspersonen, dem Alleinsein, engen Räumen, weiten Plätzen etc. Diese Liste ließe sich wohl beliebig lange fortsetzen. Gleichwohl haben Angststörungen wie bestimmte Phobien, Panikattacken und eine generalisierte Angst heute enorm zugenommen, so dass Psychologen und Psychotherapeuten von einer „Angstgesellschaft“ sprechen.[2] Dabei existiert Angst unabhängig von dem Entwicklungsstand einer Gesellschaft oder Kultur. Ängste wie die vor Gewitter, Sonnen- oder Mondfinsternissen spielen im Großen und Ganzen heute keine Rolle mehr, während andere Ängste, die fortschrittlich-technologischer oder psychischer Natur sind, heute Konjunktur haben.[3] Der Fortschritt durch Technik und Wissenschaft führt aber keineswegs zur Ausschaltung von Angst, es verhält sich vielmehr so, dass gewisse Ängste in den Hintergrund treten und neue generiert werden. Die Angst gehört also nach wie vor zu unserem Leben und es ist unwahrscheinlich, dass wir sie im anthropologischen Sinne verlieren werden, gleichwohl sie natürlich historisch variabel auftritt. Zudem hat Angst einen stark ausgeprägten individuellen Charakter und jeder Mensch erlebt sie in einer persönlichen Ausprägung, die abhängig von seiner Anlage, seinen individuellen Lebensbedingungen und seiner Umwelt ist.[4] Zu unserer aller Umwelt gehört neben der Familie und dem (sozialen) Milieu natürlich

---

1 Shafy, Samiha: Lob der Angst, In: Der Spiegel 41/11.10.2010.

2 Nuber, Ursula: „Angst ist eine Möglichkeit der Selbstbestimmung“, Interview mit Arnold Retzer, In: Psychologie Heute 02/2007.

3 Riemann, Fritz: Grundformen der Angst, Eine tiefenpsychologische Studie, München 2009, S. 8.

4 Riemann, S. 9.

auch unsere medialisierte Gesellschaft, der mit ihren Medien in einer Zeit in der das Zurückdrängen gewisser kreatürlicher, und damit (aus heutiger Sicht) antiquierter (Grund-) Ängste forciert wurde, eine Art Angstsublimierung respektive Angsterzeugung zukommt, um einen „Mangel an Angst" auszugleichen. Schließlich war es erst der zivilisatorische Fortschritt, der diese kreatürlichen Ängste zurückdrängte und „angstfreie Reviere" erzeugte, die heute einen Großteil der westlichen Gesellschaften ausmachen. [5] Im Zuge der Aufklärung erfuhr dieser Prozess eine ungeahnte Beschleunigung, der sich im Aufkommen der Schauerliteratur am Ende des 18. Jahrhunderts in England manifestierte. Mit dem Aufkommen dieser Schauerliteratur vollzieht sich ein Prozess von der Abstoßung der Angst hin zur Lust an der Angst. Es findet also eine „Konversion von Angst in Lust" statt, der allerdings bedingt, dass die kreatürlichen Ängste schon soweit zurückgedrängt wurden, dass sie genießbar sind.[6] Diese Verbindung zwischen Angst und Lust ist nicht nur in der Literatur, sondern in vielen Formen der Freizeitgestaltung anzutreffen. Sowohl beim Sport und allen anderen Formen der spielerischen Konkurrenz als auch bei Jahrmärkten oder Festen mit Fahrattraktionen die sogenannte „thrills" auslösen sollen. Michael Balint bezog die Angstlust z. B. auf jene jahrmärktlichen Attraktionen bei denen u.a. das Vergnügen im Zusammenhang mit dem Schwindel von Bedeutung ist.[7] Von diesem Schwindel in Zusammenhang mit der Angst ist bereits bei Kierkegaard die Rede, der die Angst als jenen Schwindel bezeichnete, der entstehe „wenn der Geist die Synthese setzen will und die Freiheit nun hinunter in ihre eigene Möglichkeit schaut und dann die Endlichkeit ergreift um sich daran zu halten."[8] Mit dem Aufkommen des Mediums Film am Ende des 19. Jahrhunderts boten sich der Angstlusterzeugung (oder mit Kierkegaard: Schwindelerzeugung) mit der filmischen Darstellung von Grauen und Schrecken

---

5 Alewyn, Richard: Die Lust an der Angst, In: Probleme und Gestalten. Frankfurt a.M.1974, S.312.

6 Alewyn, Die Lust an der Angst, S. 315.

7 Vgl. Balint, Michael: Angstlust und Regression, Stuttgart 2009, S. 17.

8 Kierkegaard, Søren: Der Begriff Angst, Stuttgart 1992, S. 72.

ungeahnte Möglichkeiten. Stärker und vor allem eindringlicher als die Literatur hat der Film die Möglichkeit uns durch einen vorgegebenen Blickwinkel (beispielsweise im Krimi aus dem des Mörders) das Geschehen verfolgen zu lassen und die Angst, die von jeher ein körpergebundener Ausdruck war, darzustellen. Hier bietet der Film vor allem mit der Nahaufnahme von Gesichtern die Möglichkeit die komplexen (gespielten) mimischen Ausdrucksmöglichkeiten einzufangen. Zudem kann er im Gegensatz zur Literatur durch Töne das Organ der Angst schlechthin, das Ohr, stimulieren und so zu einer gesteigerten Angsterfahrung beitragen. Der Horrorfilm zu dem in einem filmästhetischen Verständnis alles gehört, was beim Zuschauer Angst, Panik, Schrecken, Gruseln, Schauer, Ekel oder Abscheu hervorrufen kann, ist selbstverständlich nur eines (wenn auch das offensichtlichste) dieser Genres für die die Darstellungsformen der Angst relevant und essentiell sind.[9] Gleichwohl setzt der Horrorfilm oft auf gewisse Schauwerte wie explizite Gewaltdarstellung und die Darstellung von Ekelhaftem (vor allem in den B-Movies der siebziger Jahre). Auch in den Genres Thriller und Science-Fiction finden sich teilweise sehr viele Elemente, die dem Horrorfilm entliehen scheinen und zur Angsterzeugung genutzt werden oder Filme die zentrale Ängste jener Epochen aufgreifen und allegorisch verarbeiten. Denn dass Filme immer auch ein reflexiver Ausdruck ihrer jeweiligen Epoche sind, ist hinlänglich bekannt. So werden beispielsweise in Filmen wie *The Fly* (Kurt Neumann, 1958) oder *Alien* (Ridley Scott, 1979) explizit und unterschwellig fortschrittlich-technologische Ängste oder die Angst vor dem Unbekannten thematisiert. Letztere, das wusste schon H.P. Lovecraft, gilt als eine der stärksten menschlichen Gefühlsregungen überhaupt und erweist sich für viele Filme, die Elemente des Unheimlichen und Verunsichernden aufweisen, als nahezu unerschöpfliches Reservoir an Inspiration. Aus diesem Reservoir schöpfte auch David Lynch, der das Spiel mit dem Unheimlichen in *Lost Highway* (1997) auf die Spitze trieb. *Lost Highway* scheint sich, nicht zuletzt aufgrund der schwer zugänglichen narrativen

---

9 Vgl. Vossen, Ursula (Hrsg.): Filmgenres: Horrorfilm, Stuttgart 2004, S.10.

Struktur die Unwirkliches und Wirkliches nahezu unlösbar miteinander verknüpft, auf den ersten Blick jeder Interpretierbarkeit zu entziehen, setzt aber augenscheinlich auf Elemente der Angsterzeugung bzw. des Unheimlichen, wie z. B. das Eindringen in die Privatsphäre des schützenden Hauses. Das Motiv des Eindringens in das schützende Haus spielt beispielsweise auch in der Arthouse-Produktion *Caché* (Michael Haneke, 2005) eine zentrale Rolle, wenn auch hier die Grenzlinie zwischen Wirklichem und Unwirklichem deutlicher erscheint. Diese Grenzlinie zwischen Wirklichem und Unwirklichem geht auf die phantastische Literatur zurück, in der der imaginäre Schrecken innerhalb einer realen uns vertrauten Welt entsteht und die somit konstitutiv für die Erzeugung des Unheimlichen ist.[10] Angstelemente und- thematiken im Film sind also, wie man u.a. an diesen beiden Beispielen erkennen kann, nicht nur auf das Genre des Horrorfilms beschränkt, sondern finden sich heute in nahezu allen Filmgenres. Ausgehend von Richard Alewyns These, dass in unserer hochentwickelten Sicherheitsgesellschaft diese Geschichten respektive Filme das natürliche Bedürfnis an Angst stillen und dementsprechend unterschiedliche Stoffe, Motive und Inszenierungstechniken verwenden, soll in dieser Arbeit ein Überblick über die unterschiedlichen Formen der audiovisuellen Inszenierung von Angst gegeben werden.[11] In diesem Rahmen soll anhand ausgewählter Filmbeispiele aus unterschiedlichen Epochen analysiert werden wie das Unheimliche in seinen mannigfaltigen Erscheinungsformen im Bild erzeugt wird. Hierzu wird zunächst, neben einem kurzen Blick auf die Filmgenres mit dem größten Angstpotenzial und der Charakterisierung des sogenannten „Angstfilms", auch eine Begriffsbestimmung des Terminus „Angst" und der verwandten Begriffe der „Furcht" des „Unheimlichen" und des „Grauens" sowie eine Begriffsgeschichte dessen einschließlich des narrativen Kontexts notwendig sein.

---

10 Vgl. Vax L.: Die Phantastik, In: R.A. Zondergeld (Hrsg.): Phaicon 1, Frankfurt a. M. 1974, S. 11–43.

11 Vgl. Alewyn: Die Lust an der Angst, S. 328.

2. Der Begriff Angst

2.1 Transformationen des Angstbegriffes

Das Phänomen der Angst ist ebenso vielschichtig wie schwer zu definieren. Angst spielt in den Kulturwissenschaften bislang eine untergeordnete Rolle und konnte sich lediglich in der Psychologie als eigenständiger Terminus etablieren.[12] Gleichwohl Angst sich natürlich auch in der Anthropologie und der Phänomenologie (als philosophische Disziplinen) theoretisch präsent zeigt.[13] Der philosophische Ansatzpunkt richtet seinen Blick hierbei notwendigerweise auf das allgemein Abstrakte, um darin das konkret Direkte sichtbar zu machen.[14] Ein Diskurs ist bei dieser Vorgehensweise unabdingbar und kann daher logischerweise historisch rekonstruiert werden. Für Kierkegaard bezieht sich die Angst auf das Ungewisse, auf „die Wirklichkeit der Freiheit als Möglichkeit für die Möglichkeit"[15], während die Furcht sich auf etwas bestimmtes, also eine konkrete Bedrohung richtet. Heidegger übernimmt diese Definition und sieht den Ursprung der Angst im Tod. [16] Nietzsche spitzt in seinem Zarathustra das Ganze zu und formuliert pointiert, dass die Furcht vor jenem der zentrale Antrieb für Wissenschaft sei.[17] Im Unterschied zur Furcht, die vergeht wenn die Bedrohung verschwindet, spielt bei der Angst jedoch die Einbildungskraft eine große Rolle, da Angst ihre Ursache eher im leiblichen Selbst, als in der umgebenden Wirklichkeit hat.[18] Nimmt man nun diese Unterscheidung zwischen Furcht und Angst, so ist wie Waldenfels richtig anmerkt,

---

12 Vgl. Käuser, Andreas: Angst: Begriff-Diskurs-Medium, In: Katalog zum Werkleitz Festival 2010: Angst hat große Augen, Halle (Saale) 2010, S. 14–35, S. 15.

13 ebd.

14 Vgl. Schulz, Walter: Das Problem der Angst in der neueren Philosophie, In: von Dithfurth, Hoimar: Aspekte der Angst, München 1977, S. 13.

15 Kierkegaard, S. 50.

16 Vgl. Heidegger, Martin: Sein und Zeit, Tübingen 1984, S. 182.

17 Vgl. Nietzsche, Friedrich: Also sprach Zarathustra, Köln 2005, S. 235.

18 Vgl. Delumeau, Jean: Angst im Abendland: Die Geschichte kollektiver Ängste im Europa des 14. bis 18. Jahrhunderts, Hamburg 1985, S. 30.

erst ab dem Moment an dem Angst zu Furcht transformiert wurde, sprich sich auf etwas konkretes bezieht, eine „Bewältigungsstrategie“ möglich.[19] Hieraus schließt sich, dass Angst in ihrem ursprünglichen Zustand nicht bewältigt werden kann, sondern einen normalen Affekt im menschlichen Bewusstsein darstellt.[20] Angst ist also solange nicht greifbar, bis sie in die Form der Furcht gegossen, sprich kanalisiert wurde. Betrachtet man die Begriffe Furcht und Angst vor dem Hintergrund der klassischen Antike, so ist zu konstatieren, dass diese vor allem durch die Griechen geprägte Zeit zwar das Phänomen der Furcht, nicht aber das Phänomen der Angst kannte.[21] die Griechen kannten eine umfassende „Weltangst“ nicht, da „daß Ganze der Welt eine Ordnung darstellt, einen Kosmos der vom Guten getragen wird.“[22] Gleichwohl dies jedoch nicht heißt, dass dieses Gefühl, das wir Angst nennen bei den Griechen nicht existierte. Wie Böhme herausgestellt hat, ist das Phänomen, das unserer heutigen Definition von Angst am ehesten entspricht von den Griechen als *phobos* bezeichnet worden.[23] Wobei *phobos* hier das Furchterregende und das Fürchten selbst meint.[24] Homer stellt den *phobos* in seiner Ilias dementsprechend als eine Macht dar, „die in der Mitte zwischen beiden Heeren auftaucht“.[25] Hierzu muss *phobos* keineswegs als Gott verstanden werden, sondern in seiner phänomenologischen Deutung lediglich als eine ergreifende Macht, die sich in panischer Angst äußert.[26] Zu einer Transformation des Begriffs, wonach der Begriff *phobos* nun vielmehr in den Selbstregulierungskräften der eigenen autonomen Seele erscheint, kommt es erst um 400 v. Chr.[27] *Phobos*

---

19 Vgl. Waldenfels, Bernhard: Das leibliche Selbst. Vorlesungen zur Phänomenologie des Leibes, Frankfurt a.M. 2000, S. 370.

20 Vgl. Sartre, Jean-Paul: Der Aufschub, Hamburg 1962, S. 52.

21 Vgl. Schulz, S. 14.

22 Schulz, S. 14.

23 Vgl. Böhme, Hartmut: Vom *phobos* zur Angst, Zur Transformations- und Kulturgeschichte der Angst, In: Harbsmeier, Martin, Möckel, Sebastian (Hrsg.): Pathos, Affekt, Emotion, Frankfurt a.M.2009, S. 154–184, S. 158 f.

24 ebd.

25 Picht, Georg: Kunst und Mythos, Stuttgart 1996, S. 443.

26 Vgl. Böhme, S. 161.

27 Vgl. Böhme, S. 164.

(zusammen mit *eris* und *eros*) erscheint in der Folge als intentionaler Moment in der Innenwelt eines Subjekts. Von einer „Weltangst" kann hier allerdings noch nicht die Rede sein. Diese „Weltangst" kommt erstmals mit der Gnosis und dem frühen Christentum auf, das die Welt als eine vom Göttlichen abgespaltene Stätte wahrnahm.[28] In einem Ausspruch des Johannesevangelium heißt es: „In der Welt habt ihr Angst, aber seid getrost, ich habe die Welt überwunden".[29] Darin spiegelt sich nicht nur die ursprüngliche Angst vor dem Tod wieder, sondern auch, dass nach Heidegger diese Angst allein aus dem „In-der-Welt-sein" (und damit wieder vor dem Tod) resultiere[30]. Dass diese umfassende Angst also auch Voraussetzung für das Christentum war, davon zeugen nicht zuletzt das durch die Kirche legitimierte Heilige Römische Reich und die Gesellschaft des Mittelalters, welche in ständiger Angst vor der drohenden Apokalypse lebte.[31] Mit dem Beginn der Neuzeit tritt das christliche Bewusstsein im Zuge der Aufklärung zugunsten der Vorstellung einer „vernünftigen Welt" in den Hintergrund und es entsteht ein, seit den Griechen nie mehr da gewesenes Vertrauen in die Welt.[32] Fortan triumphiert also der Gedanke an die „Weltvernunft".[33] Es zeigt sich jedoch schnell, dass der zunehmende Fortschritt in der Naturwissenschaft und Technik jener Epoche nicht zu einem Abnehmen von Angst im eigentlichen Sinne führte, sondern vielmehr gewisse existenzielle Ängste verdrängte und dabei neue generierte. Hierbei ist anzumerken, dass sich das Angstpotenzial nicht gleichmäßig verringerte, sondern gewisse Ängste einfach in den Hintergrund traten bzw. in neuem Gewand auftraten. Nach Luhmann ist die Angst also ein dem System übergeordne-

---

28 Vgl. Schulz, S. 14 f.

29 zitiert nach Schulz, S. 14.

30 Heidegger, S. 189.

31 bei weiterer Beschäftigung mit diesem Thema verweise ich auf Jean Delumeau: Angst im Abendland, Die Geschichte kollektiver Ängste im Europa des 14. bis 18. Jahrhunderts, Hamburg 1985.

32 Vgl. Schulz, S. 16.

33 ebd.

ter Faktor, der sich unterschiedlich kanalisieren kann.[34] In diesem Sinne erscheinen auch gewisse Ängste (beispielsweise die der Apokalypse) im Zuge der Totalitarismen des 20. Jahrhunderts, in dem zudem noch die nukleare Bedrohung durch die Wissenschaft aufkam in gewisser Weise transformiert. Obgleich wir heute in unserer Sicherheitsgesellschaft mehr denn je, nicht zuletzt aufgrund der medialen Vernetzung, von einem „Zeitalter der Angst" sprechen können. Wirtschaftskrise, Börsenpanik, Klimawandel und Pandemiebedrohungen scheinen allgegenwärtig, bleiben aber für die meisten Menschen, sofern sie nicht unmittelbar betroffen sind, abstrakte nicht greifbare Ängste. Im Bewusstsein, dass diese Objekte der Angst existieren müssen (durch die mediale Allgegenwärtigkeit), wir aber (noch) nicht unmittelbar betroffen davon sind, können wir uns dennoch diesbezüglich nicht mit den Menschen früherer Gesellschaften vergleichen, die sich umgeben von Gespenstern, Ungeheuern und Dämonen wähnten.[35] Diese „primitiven Ängste", zu der man auch die Gewitterangst oder Naturangst (vor der Nacht, dem Wald oder dem Gebirge) rechnen kann, erscheinen uns heute nahezu lächerlich und unterstreichen die historische Transformation von bestimmten Ängsten im Zuge des Zivilisationsprozesses. Alewyn geht in seinem Vortrag sogar so weit, indem er anhand eines Beispiels aus Goethes Werther, in dessen eine Tanzgesellschaft bei Aufkommen eines Gewitters verstört in ihre Häuser flüchtet, uns die seelische Möglichkeit heute dieselbe Angst zu empfinden abspricht.[36] Ist dieser letzte Punkt der Transformation erreicht, erfolgt eine Konversion von Angst in Lust, welche als „seelische Ambivalenz" die Zeit zwischen einem „Zeitalter der Angst" und einem „Zeitalter ohne Angst" (Angst hier im Sinne von Furcht) kennzeichnet.[37] Neben der von Waldenfels angesprochenen „Bewältigungsstrategie" (siehe oben),

---

[34] Vgl. Luhmann, Niklas: Ökologische Kommunikation, Wiesbaden 2004, S. 237 ff.

[35] Vgl. Alewyn, Richard: Die literarische Angst, In: von Dithfurth, Hoimar (Hrsg.): Aspekte der Angst, München 1977, S. 40.

[36] Vgl. Alewyn, Die literarische Angst, S .41.

[37] Alewyn, Die Lust an der Angst, S. 313.

kennzeichnet diese „seelische Ambivalenz"(Angstlust) auch eine Sehnsucht nach dem Neuen. Und dieses Neue erhält mit dem Aufkommen der Phantastik und ihren Schauergeschichten im 18. Jahrhundert eine narrative Form.

2.2 Narrative Formen und Techniken der Angsterzeugung

Aristoteles schreibt schon in seiner *Poetik*, dass die Tragödie durch *phobos* und *eleos* (Jammer) eine Affekttransformation leiste, um den Menschen von der Übermacht seiner Gefühle zu befreien.[38] Hierbei galt das bewusste Erleben von *phobos* und *eleos* in Form der Tragödie als eine Art reinigende Kraft, die die Seele von jenen durchlebten Gefühlen befreie.[39] Gleichwohl natürlich *phobos* und *eleos* nicht als Furcht und Jammer bzw. Mitleid im heutigen Sinne verstanden werden dürfen, sondern vielmehr Elementaraffekte darstellen (siehe 2.1.), die an ein bestimmtes Objekt gebunden sind. Nichtsdestotrotz ist aber bereits in der Antike eine frühe Variante der Bewältigungsstrategie in Form einer Katharsis durch eine narrative Geschichte vorhanden. Bezogen auf die Angst, kann man spätestens mit dem Aufkommen der Schauerliteratur auch von einer Lust an der Angst sprechen. Dieser Angstlust bedingt, dass die kreatürliche Angst zwar noch vorhanden ist, aber dennoch schon als Reiz wahrgenommen werden kann.[40] Demzufolge scheinen auch die Jahrmärkte mit ihren Schwindel erzeugenden Fahrattraktionen nach exakt demselben Prinzip zu funktionieren.[41] Hierbei wird bewusst eine gewisse Form von Angst hervorgerufen die es auszuhalten gilt.[42] Balint unterscheidet, die Angstlust betreffend, drei charakteristische Grundhaltungen: [43]

1.) ein gewisser Betrag an bewusster Angst oder das Bewusstsein einer wirklichen äußeren Gefahr.

---

38 Vgl. Böhme, S. 165.
39 Vgl. Böhme, S. 166 f.
40 Vgl. Alewyn, Die literarische Angst, S. 42.
41 Vgl. Balint, S. 17 ff.
42 Vgl. Balint, S. 20.
43 Balint, S. 20.

2.) der Umstand, dass man sich willentlich und absichtlich dieser äußeren Gefahr und der durch sie ausgelösten Furcht aussetzt.

3.) die Tatsache, dass man in der mehr oder weniger zuversichtlichen Hoffnung, die Furcht werde durchgestanden und beherrscht werden können und die Gefahr werde vorübergehen, darauf vertraut, dass man bald wieder unverletzt zur sicheren Geborgenheit werde zurückkehren dürfen.

Diese Grundhaltungen mit ihrer Mixtur aus „Furcht, Wonne und Hoffnung" stellen das Grundelement jedweder Angstlust dar.[44] In Bezug auf die narrative Erzählung ist die möglichst glaubwürdige Simulation oder Beschreibung einer wirklichen äußeren Gefahr gepaart mit der Gewissheit, dass wir uns in Sicherheit befinden von essentieller Bedeutung.[45] Sind diese Voraussetzungen gegeben, setzen wir uns absichtlich dieser simulierten Gefahr und der ihr eigenen Dynamik der Furcht bzw. Angsterzeugung aus. Getreu diesen Mechanismen der Angstlust retten sich also aus dem Leben vertriebene Ängste (die in kreatürlicher Form aber noch vorhanden sind) in die narrative Erzählung und „treten als Surrogate oder Symbole eine neue Laufbahn an."[46] Mit der romantischen Literatur (als Folge der Aufklärung) und etwas später mit der *Gothic Novel* werden Ersatzstoffe (Surrogate) für eine „entzauberte" Welt kreiert, die in literaturhistorischer Sicht unter dem Begriff der Phantastik zusammengefasst werden können.[47] Der Begriff der Phantastik ist in der Forschung jedoch nicht einheitlich definiert, weshalb an dieser Stelle erst gar nicht der Versuch unternommen werden soll dies zu tun, sondern vielmehr charakteristische Motive der phantastischen Erzählung herausgearbeitet werden sollen. Hierbei spielen vor allem die Termina des „Unheimlichen" (als Unterkategorie des Phantastischen) und „Grauens" (als Reaktion auf das Unheimli-

[44] ebd.

[45] Vgl. Alewyn, Die Lust an der Angst, S. 315.

[46] Alewyn, Die Lust an der Angst, S. 319.

[47] ebd.

che und mit Schrecken, Entsetzen und Abscheu einhergehend) eine entscheidende Rolle. Charakteristisch für die phantastische Erzählung ist eine vertraute und gewöhnliche Alltagswelt, in die auf einmal das Unerklärliche Einzug erhält.[48] Es gibt hier also einen Konflikt zwischen dem Realen (der Alltagswelt) und dem Möglichen, einem imaginären Schrecken.[49] Ein simples Beispiel für letzteres stellt das Motiv des Spukschlosses dar. Diese Schlösser sind für gewöhnlich von Geistern bevölkert, weshalb das dem Realen entstammende Schloss eine beunruhigende Wirkung beim Rezipienten hervorrufen kann. Gleichwohl das Phantastische auch in den bürokratischen Alltag einbrechen kann, wie z. B. bei Kafka. Es ist also das imaginär Schreckliche, was in die reale Welt Einzug erhält.[50] Das Phantastische ist demnach ein Spiel mit der Angst und fungiert als Gegenstück zu den Märchen, die meist glücklich ausgehen.[51] In der phantastischen Erzählung, die in einem Klima des Schreckens stattfindet, enden die Geschehnisse dagegen meist immer mit einem „unheilvollen Ereignis, das zum Tode, zum Verschwinden oder zur Verdammung des Helden führt."[52] Der Grund, weshalb phantastische Erzählungen erst nach den Märchen entstanden, ist in der Anerkennung des strengen Determinismus in Bezug auf Ursache und Wirkung sprich der wissenschaftlichen Rationalität zu finden.[53] Denn ohne diese Rationalität wäre die phantastische Erzählung schlichtweg nicht denkbar.[54] Versetzt man eine phantastische Erzählung in das Mittelalter oder die Antike, würde sie nicht in einem unheimlichen oder furchterregenden Sinn funktionieren.[55] Das „Unheimliche", nach Freud terminologisch der

---

48 Vgl. Vax, Louis: Die Phantastik. In: Zondergeld, Rein A.(Hrsg.): Phaicon 1.Almanach der phantastischen Literatur. Frankfurt a.M.1974, S. 11–43, S. 12.

49 ebd.

50 Vgl. Vax, S. 12.

51 Vgl. Caillois, Roger: Das Bild des Phantastischen. Vom Märchen bis zur Science-Fiction, In: Zondergeld, Rein A.(Hrsg.): Phaicon 1, Almanach der phantastischen Literatur, Frankfurt a.M.1974, S. 44–83.

52 Caillois, S. 44 f.

53 Vgl. Caillois, S. 48.

54 ebd.

55 Vgl. Caillois, S. 52.

Gegensatz zu heimelig bzw. heimisch, also auf das Vertraute zurückgehend, entsteht jedoch keinesfalls nur durch den offensichtlichen oder subtilen Einbruch des (imaginär) schrecklichen Äußeren in das Reale, sondern kann gleichsam aus dem Inneren herrühren. Freud hat in seinem Aufsatz dargelegt, dass das Unheimliche auch das durch Verdrängung entartete Vertraute sein kann, das nun in verfremdeter Form wieder auftritt.[56] Ähnlich wie bei Lethen, die der „kalten Persona" entfernte Angst im „Bild der Kreatur" wiederkehrt.[57] Es ist also eine spezifische Form von Angst, die im Erscheinen eines zuvor Verborgenen oder Nichtsichtbaren begründet ist.[58] Ist man sich der verunsichernden Wirkung dessen bewusst und versteht dies in narrative Form zu gießen, so lassen sich Äußeres und Inneres (z. B. Traumzustände; aus Realismus wird Surrealismus) unauflösbar in einem Medium miteinander verweben, um eine unheimliche Atmosphäre zu erzeugen. Mit dem Aufkommen des Films Ende des 19. Jahrhunderts eröffnen sich der Angsterzeugung nun ganz neue Möglichkeiten. Erstmals entfalten sich innerhalb der Narration nun körperlicher Ausdruck, Geräusche, Musik, filmische Räume, verschiedene Einstellungen und Schnitte, die miteinander verknüpft werden, um den Rezipienten bestimmten Erfahrungen und Gefühlszuständen auszusetzen. Damit einher geht auch eine Medienabhängigkeit der Angst, die spätestens mit dem Film und den modernen (Kommunikations-) Medien klar hervortritt, denn fortan ist jene durch die Sichtbarmachung an (visuelle) Medien gekoppelt.[59] Der Film ist als Teil dieser Medien nach McLuhan auch als eine „Ausweitung unseres Körpers" [60] zu verstehen und kann demnach Angst erzeugen. Vor dem Hintergrund der der Angst eigenen Dynamik, die nicht statisch an ein

---

56 Vgl. Freud, Sigmund: Das Unheimliche, In Ders.: Psychologische Schriften Band IV, Frankfurt a.M. 1982, S. 241–274, S. 264.

57 Lethen, Helmut: Verhaltenslehren der Kälte, Lebensversuche zwischen den Kriegen, Frankfurt a.M.1994, S. 43.

58 Vgl. Shelton, Catherine: Unheimliche Inskriptionen, Eine Studie zu Körperbildern im postklassischen Horrorfilm, Bielefeld 2008, S. 39.

59 Vgl. Käuser, S. 22.

60 McLuhan, Marshall: Die magischen Kanäle, In Baltes, Martin (Hrsg.): Der McLuhan-Reader, Mannheim 1997, S. 112–158, S. 112.

Objekt gebunden ist[61], müssen die den Film-Genres mit dem größten Angstpotenzial (Horror, Science-Fiction und Thriller) eigenen Charakteristika, die zur Angsterzeugung innerhalb der Narration genutzt werden können also ebenso definiert werden, wie die Grundcharakteristika eines sogenannten „Angstfilms". Auch ist die Entwicklung dieser Genres (und damit der Techniken zur Angsterzeugung) eng mit der technischen Weiterentwicklung im Bereich des Films verbunden. Ebenso ist natürlich die Wandelbarkeit oder Transformation von Ängsten und ihre mannigfaltigen Erscheinungsformen zentral für die Möglichkeiten der Angsterzeugung im Film.

2.2.1 Der Horrorfilm

Von diesen drei Genres stellt der Horror in Bezug auf Angsterzeugung sicherlich das klassischste dar und bringt den größten Teil angsterzeugender Filme hervor. Angelehnt an die Geschichten der *Gothic Novel*, den Vampirroman und Gespenstergeschichten speist es sich zu einem großen Teil aus der Phantastik. Wie in jener erfolgt in die Realität des Alltagslebens ein Einbruch von Kräften aus dem Jenseits oder der Vergangenheit. Wichtig hier ist eine Unterscheidung zwischen Horror und Phantastik. Auch wenn alle Werke des Horrors zum Bereich der Phantastik gehören, ist die Phantastik nicht mit Horror gleichzusetzen.[62] Man denke nur an Goethes *Erlkönig* in dem zwar eine unheimliche Atmosphäre kreiert wird, die jedoch vielmehr aus der Ungewissheit über den Realitätsgehalt des Beschriebenen entsteht. Einmal ganz davon abgesehen, dass dieser Stoff als Film wohl nicht funktionieren würde. Der Horror lässt sich wiederum in zwei Kategorien klassifizieren[63]: zum Einen in die phantastischen oder übersinnlichen Erzählungen. (auf den Film bezogen) Filme mit Untoten wie Zombies oder Vampiren. Zum Anderen in der Wirklichkeit fußende Geschichten, die sich genauso abgespielt

---

61 Vgl. Käuser, S. 25.

62 Vgl. Baumann, Hans D.: Horror: Die Lust am Grauen, Weinheim 1989, S. 96.

63 Vgl. Vossen, Ursula (Hrsg.): Filmgenres: Horrorfilm, Stuttgart 2004, S. 10

haben könnten. Beiden gemein ist, dass sie sich letztlich (und damit der Horrorfilm) um den Kampf zwischen Gut und Böse drehen respektive den Tod und ein Leben danach sowie die Rache der Natur und ihrer hervorgebrachten Kreaturen.[64] Die oftmals als Allegorie verhandelten Ängste im Horrorfilm verweisen entweder auf Urängste, die nach Alewyns These noch nicht verkümmert sind oder negative Erfahrungen der Kindheit, die vormalig eventuell verdrängt wurden und nun ganz nach Freud in verfremdeter Form wiederkehren.[65] Zudem ist die Welt der meisten Horrorfilme überschaubar. oftmals sind die Schauplätze nur auf ein Haus oder eine Stadt beschränkt. Im Gegensatz zur Science-Fiction, die auch eine Form der Phantastik darstellt, konnte sich der Horrorfilm auf nahezu allen Ebenen ausbreiten. Es existieren von Hollywood-Produktionen über Independent-Filme und Low-Budget-Filme auch No-Budget-Filme, die jedoch meist alles andere als professionell umgesetzt sind. Entsprechend der Vielfalt des Angebots sind auch die Reaktionen, die der Horrorfilm beim Rezipienten hervorrufen kann. Da sich Ängste im Laufe der Zeit und den gesellschaftlichen Konstitutionen entsprechend wandeln, unterliegt das Genre einer geringen Halbwertszeit, die regelmäßig und auch aufgrund der fortschreitenden Filmtechnik mit Special Effects etc. häufiger als in anderen Filmgenres zu Remakes, Prequels oder anderweitigen Bearbeitungen klassischer Motive und Themen führt.[66] Auch hierunter hat die Qualität der Filme bisweilen zu Leiden, wenn sich Filme in blutrünstigen Gewaltphantasien verlieren, die oftmals nur noch geringfügig Angst generieren, sondern vielmehr auf Ekel setzen. Hier muss der Rezipient zwar die visuell dargestellten Schrecken aushalten, nachhaltig Angst wird allerdings selten generiert. Ein Beispiel hierfür wären die Filme der *Saw*-Reihe (ab dem zweiten Teil). Gleichwohl erschreckende Bilder natürlich auch ein Grundcharakteristikum des Horrorfilms sind. Daneben reflektieren Horrorfilme auch immer die jeweilige Epoche und schaffen Allegorien oder Parabeln auf Ereignisse aus jener Zeit.

---

64 ebd.

65 Vgl. Vossen, S. 12 f.

66 Vgl. Vossen, S. 15.

Auf eine Darstellung der Horrorfilmgeschichte soll in Anbetracht des begrenzten Umfangs dieser Arbeit und der Fülle an Literatur hier jedoch verzichtet werden.[67]

2.2.2 Der Science-Fiction Film

Ebenso wie beim Horrorfilm reicht auch die Geschichte des Science-Fiction-Films bis zu den Anfängen des Films zurück und ebenso wie der Horrorfilm gehört die Science-Fiction zur Phantastik. Durch die zunehmende Technisierung der Welt im ausgehenden 19. Jahrhundert ist das zentrale Motiv hier jedoch die Technik.[68] Da der Mensch sich die Natur mithilfe der Technik unterwirft (siehe auch 2.1), bildet nun eben jene Technik auch das Zentrum des Phantastischen (und damit auch Angsterzeugenden).[69] Man könnte die Science-Fiction auch mit Georg Seeßlen als „auf den Kopf gestelltes Märchen" bezeichnen, das jedoch im Unterschied zum klassischen Märchen rational-naturwissenschaftliche Erklärungen anbietet.[70] Die Autorin und Kritikerin Judith Merril unterscheidet drei verschiedene Arten der Science-Fiction:[71] Die *„Teaching Story"* beleuchtet in euphorischer Art und Weise die Möglichkeiten der neuen Technik. Die *„Speculative fiction"* widmet sich archetypischen Konflikten der Menschheit. Dementsprechend sind auch viele Inhalte der *„Speculative Fiction"* oft klassischen Motiven entlehnt, die in ihrer ursprünglichen Form u.a. bereits in der phantastischen Literatur existieren. So taucht das Doppelgänger-Motiv z. B. in Form des

---

67 Ich verweise bei eingängigerer Beschäftigung mit der Horrorfilmgeschichte auf: Weil, Claudius (Hrsg.): Kino des Phantastischen, Eine Einführung in die Mythologie und Geschichte des Horrorfilms, München 1976.

68 Vgl. Fritsch, Matthias: Wo nie zuvor ein Mensch gewesen ist, Science-Fiction-Filme, Angewandte Philosophie und Theologie. Regensburg 2003, S. 9.

69 ebd.

70 Seeßlen, Georg: Kino des Utopischen, Geschichte und Mythologie des Science-Fiction-Films, Reinbek 1980, S. 47.

71 Sobchack, Vivian Carol: Screening Space, The American Science-Fiction Film, New Brunswick 1997, S. 18.

geklonten „Individuums" auf (Bsp. *Moon*, 2010, Duncan Jones).[72] Die dritte Form ist schließlich die *„Preaching Story"* zu der negative Utopien (Dystopien) oder Reisen ins Unbekannte, im Falle der Science-Fiction ins All, gezählt werden können. Der Subtext der *„Preaching Story"* ist eine Warnung vor unreflektiertem technischen Fortschritt und zu großer Neugierde der Menschen. Auch das Motiv der Reise ins Unbekannte verweist auf traditionelle Stoffe. Man denke nur an die *Ilias* von Homer. Angst wird innerhalb der Science-Fiction also vorrangig in der Form der *„Preaching Story"* erzeugt, da sich diese Form den bedrohlichen Facetten jener verschrieben hat. Hierbei spielt die Figur des Aliens auch eine entscheidende Rolle und erscheint als Inbegriff des Fremden. Er kann einerseits als Ausdruck des absolut Bösen (*Alien*; siehe auch 3.4), aber auch als Ausdruck des Vertrauten erscheinen (*E.T.*, 1982, Steven Spielberg).[73] Die Bedrohung durch das Unbekannte wird gerade im feindseligen Alien in Form der Personifizierung potenziert (solange man es nicht in seinen vollen Ausmaßen zu sehen bekommt) und lässt bei entsprechender Inszenierung die Grenze zum Horrorfilm zunehmend schwammig erscheinen.

2.2.3 Der Film-Thriller

Da der Film-Thriller den psychologischen Kriminalfilm oder den Agentenfilm mit einschließt und dementsprechend breit gefächert ist, ist eine eindeutige Definition dieses Genres schwierig. Dennoch scheinen im Thriller die alltäglichen Ängste und Befürchtungen wesentlich stärker durch, als dies beispielsweise in der oftmals allegorischen Form des Horrorfilms oder der Science-Fiction der Fall ist.[74] Da Film-Thriller nicht zuletzt deshalb oftmals in psychische Tiefen und Abgründe vordringen (Psychothriller), wird der Rezipient auf einer emotionalen Ebene stark in das Geschehen involviert. Die alltägliche Angst ist hierbei zu

---

72 Vgl. Fritsch, S. 10 ff.

73 ebd.

74 Vgl. Seeßlen, Georg: Kino der Angst, S. 30.

einem gewissen Maß an gesellschaftliche Konventionen gebunden, da sie entsteht wo die individuelle Selbstverwirklichung den Realitätsentwurf verfehlt hat und man somit in einer Art Schuld gegenüber sich selbst steht.[75] Dies kann entweder als narrative Voraussetzung eines jeden Film-Thrillers gelten oder diese Konstellation ergibt sich im Laufe der Narration (etwa durch einen Verlust).[76] Neben der klassischen Technik des mit Hitchcock assoziierten *Suspense*, lässt sich auch durch traumähnliche Auflösung zwischen Erlebtem und Gedachtem fortan eine spannungsgeladene Handlung inszenieren. Im Großen und Ganzen kann man den Thriller dann in etwa so charakterisieren: der Hauptprotagonist nimmt gesellschaftlich eine nahezu perfekte Rolle ein, wird im Laufe der Narration allerdings gezwungen sich mit seiner Angst auseinanderzusetzen, da ihm durch Zufall oder Schicksal die Rückzugsmöglichkeit in Anbetracht jener gesellschaftlichen Stellung genommen wird.[77] Das Böse hat seinen Ursprung oftmals in nächster Nähe. Familie, Freunde oder der eigene Partner stellen hier entweder eine (zunächst verborgene) Quelle des Bösen dar oder werden von ihr tangiert. Über das Schuldeingeständnis und die empfundene Angst gelangt der Protagonist schließlich zum eigentlichen Zentrum der Bedrohung und kann nun versuchen jene zu bekämpfen.[78] Die Angstpalette im Thriller ist dementsprechend breit gefächert. So können auf dem Weg dorthin Klaustrophobie, Agoraphobie, Höhen- und Geschwindigkeitsängste aber auch Kastrations- oder Vergewaltigungsängste eine Rolle spielen und müssen überwunden werden.[79] Im Gegensatz zu Horror und Science-Fiction, die sich zu einem Großteil aus der Phantastik speisen und damit die rationale Logik in Frage stellen, stellt der Thriller gesellschaftliche Konventionen zur Dispostion.[80] Die Wirkung eines Thrillers ist entsprechend groß, wenn der Widerspruch zwischen der Gefah-

---

75 Vgl. Seeßlen, S. 35.

76 ebd.

77 Vgl. Seeßlen, Kino der Angst, S. 36.

78 ebd.

79 Vgl. Seeßlen, Kino der Angst, S. 38.

80 Vgl. Seeßlen, Kino der Angst, S. 39.

rensituation des Protagonisten und der gesellschaftlichen Konvention entsprechend groß ist.[81]

2.2.4 Der Angstfilm

Wie lässt sich aus diesen drei Angst konstituierenden Genres nun eine charakteristische Definition eines „Angstfilms" herleiten? Nach Engell funktioniert der Thriller in erster Linie über die Erwartungen (Ängste, Befürchtungen etc.) der Rezipienten.[82] Gepaart mit den entsprechenden Techniken der Spannungserzeugung (*Suspense* etc.), lässt diese Erwartungshaltung den Film teilweise im „Kopf der Zuschauer" stattfinden.[83] Der Horrorfilm funktioniert dagegen vornehmlich durch erschreckende und überraschende Bilder, Effekte und Einschnitte.[84] Er funktioniert also durch die „primäre Reizung der Wahrnehmungsorgane", gleichwohl aber ein narrativer Kontext besteht und auch dort mediales Sehen und Fantasie sich nicht ausschließen müssen.[85] *Psycho* (Hitchcock, 1963) bietet hierfür ein exzellentes Beispiel. Hitchcocks Klassiker verbindet in klassischer Weise *Suspense* und *Surprise*. Um den Unterschied zwischen *Suspense* und *Surprise* am berühmten Bomben-Beispiel von Hitchcock zu illustrieren: Überraschung ist die Explosion einer Bombe während einer Konferenz. *Suspense* dagegen zeigt dem Rezipienten, dass unter dem Tisch eine Bombe versteckt ist, von der die Filmcharaktere jedoch nichts wissen oder ahnen. Die Spannung (und damit kann Angst einhergehen) entsteht praktisch im „Kopf des Rezipienten". Gleichwohl *Suspense* natürlich nicht zwingend an Angst gebunden ist.[86] Im postmodernen Kino ist diese Verknüpfung von Horror- und Thrillerelementen seit *Psycho* häufig anzutref-

81 ebd.

82 Vgl. Engell, Lorenz: http://www.uni-weimar.de/medien/archiv/ws9900/film/Film10.html

83 ebd.

84 Vgl. Engell: http://www.uni-weimar.de/medien/archiv/ws9900/film/Film10.html

85 ebd.

86 Vgl. Truffaut, François: Mr. Hitchcock, wie haben Sie das gemacht?, München 2003, S. 62.

fen und fast zu einer Art Patenrezept bzw. Grundcharakteristikum eines „Angstfilms“ geworden. David Lynch hat in *Lost Highway* ebenfalls diese Kombination beherzigt und die Konfrontation von Alltagsängsten und Alpträumen auf die Spitze getrieben. Ebenso wie *Alien* (Scott, 1979), der diese Kombination aus Thriller- und Horrorelementen zusätzlich noch um die der Science-Fiction (siehe 3.4) erweitert. Der „Angstfilm“ ist seit seinem Entstehen (als reiner Horrorfilm) also immer wieder ästhetischen Umbrüchen unterworfen worden, die sich vor allem in den verschiedenen Kombinationen aus Thriller-, Horror- und Science-Fiction-Elementen äußern. Da die filmisch thematisierten (Ur-)Ängste so in regelmäßigen Abständen in neue (Furcht-)Formen gegossen werden, die zudem immer auch Ausdruck ihrer jeweiligen Zeit sind, lassen sich anhand wegweisender Beispiele aus den unterschiedlichen Epochen, die unterschiedlichen Darstellungsweisen bzw. Möglichkeiten der Angsterzeugung und damit der Sublimation oder „Bewältigungsstrategie“ sowie der „Lust an der Angst“ aufzeigen. Im Folgenden sollen nun an konkreten Beispielen aus unterschiedlichen Epochen, die Methoden, Motive und Kontinuitäten in der Angsterzeugung vom frühen Horrorfilm über die einschlägigen Genremischungen bis hin zur aktuellen, sich dem „Authentizitätswahn“ hingebenden, neuen Horrorfilmgeneration veranschaulicht werden.

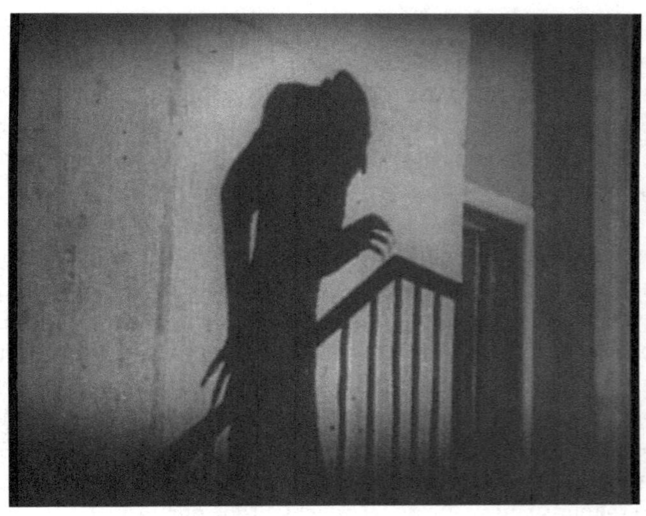

3. Methoden, Motive und Kontinuitäten in der Darstellung von Angst im Spielfilm

3.1 Das Spiel mit dem Schatten – Murnaus *Nosferatu – Eine Symphonie des Grauens*

F.W. Murnaus *Nosferatu* aus dem Jahr 1922 gilt nicht nur aufgrund seiner zyklisch wiederkehrenden und neuerdings wieder brandaktuellen Thematik (siehe hierzu z. B. den Erfolg der *Twilight*-Saga), dem Vampirismus, als einer der einflussreichsten Horrorfilme aller Zeiten. Basierend auf Bram Stokers Roman *Dracula* (als unautorisierte Verfilmung), etablierte Murnau ein neues Subgenre: den Vampirfilm. Zum ersten Mal wurde der mythopoetischen Vampirfigur, die zuvor nur aus Folklore und Literatur bekannt war, im Medium des Films Leben eingehaucht. Murnau entfernte sich hierbei aufgrund der fehlenden Lizenzrechte von Bram Stokers Vorlage und verlegte die Handlung aus dem England der Jahrhundertwende in das postromantische Norddeutschland des Jahres 1838 und benannte Graf Orlok in

Nosferatu (Max Schreck) um.[87] Zudem wurden narrativ das erotische Motiv der drei weiblichen Vampire, die in der literarischen Vorlage Harker in Draculas Schloß heimsuchen sowie der Charakter der Lucy, die in der Vorlage als Mina Harkers weniger sittenstrenge Freundin auftritt, entfernt.[88] Ebenso wird im Film dem Universalgelehrten Dr. Van Helsing wenig Raum gegeben, wo sich im Roman noch ein ganzer Männerbund um ihn schart um den Vampir zu vernichten.[89] Der Vampir wird am Ende auch nicht wie in der Romanvorlage einem Messer durchbohrt, sondern es bedarf eines Frauenopfers als eine Art symbolischer Liebesnacht.[90] Auch lässt sich die aus dem Roman bekannte Fortpflanzungsmethode der Vampire, nach der ein Gebissener selbst zu einem Vampir wird, im Film vergeblich suchen. Murnau verzichtet auf diese vampirspezifische kollektive Gefahr bzw. Seuche und setzt stattdessen die Metapher der Pestepidemie ein.[91] Gleichwohl Nosferatu natürlich die Verkörperung jener Epidemie und damit die dämonenhafte Personifikation des Todes darstellt.[92] Dieses Motiv der Pestepidemie verstärkt das Grauen des dämonenhaft wirkenden Nosferatu und ergänzt die Bedrohung durch jenen um eine unsichtbare Komponente.[93] Im Grunde setzt *Nosferatu* mit filmischen Mitteln ein klassisches phantastisches Motiv um: In die rationale Wirklichkeit bricht eine andere epistemische Ordnung ein. Die wechselnden Perspektiven aus denen erzählt wird, wie z. B. aus der eines Archivars, oder auch das Buch über Vampire, das Ellen (Greta Schröder) im Film liest, sollen die klassische aus der Phantastik bekannte Versicherung, dass nichts als die Wahrheit berichtet werde, untermauern.[94]

---

87 Vgl. Ruthner, Clemens: Vampirische Schattenspiele, Friedrich Wihelm Murnaus *Nosferatu – Eine Symphonie des Grauens*, In: Will, Michael: Der Vampirfilm, Klassiker des Genres in Einzelinterpretationen, Würzburg 2006, S. 29-54, S. 34.

88 ebd.

89 Vgl. Ruthner, S.35.

90 ebd.

91 Vgl. Ruthner, S. 35.

92 Vgl. Ruthner, S. 37.

93 Vgl. Koebner, Thomas: *Nosferatu – Eine Symphonie des Grauens*, In: Vossen, Ursula (Hrsg.): Filmgenres: Horrorfilm, Stuttgart 2004, S.46.

94 Vgl. Koebner, S. 43.

Dieses Phantastische spiegelt sich auch in der Wahl der filmtechnischen Mittel wieder. Gleichwohl natürlich zur damaligen Zeit begrenzt, wird der Vampir mit Stopptricks, Negativprojektionen und Einzelbildbelichtungen in Szene gesetzt. Hier spielt besonders das von Murnau virtuos eingesetzte Spiel mit Licht und Schatten eine entscheidende Rolle bei der Inszenierung des Vampirs.[95] Oft ist nur der Schatten Nosferatus zu sehen und durch den teilweise zusätzlichen Verzicht auf Gegenschnitte wird die Gefahr, die von dem Vampir ausgeht, zusätzlich potenziert. Man denke nur an das Schattenspiel als die Hand des Vampirs auf Ellens Herzgegend fällt und sich dort symbolisch verkrampft. Dem Rezipienten wird das Grauen so relativ spät vor Augen geführt und findet dann, da es auf der Leinwand nur als Schattenspiel zu sehen ist, vornehmlich in der Imagination des Betrachters statt. Der Film verwendet für einen Horrorfilm zudem auffallend häufig die totale oder halbtotale Einstellung, die nach Ruthner zusammengerechnet rund 40% des Films ausmachen.[96] Hierin kann man eine „Kontrastierung von Natur und Zivilisation" erkennen, die weitere Indizien für das drohende Unheil liefern.[97] Die Aufnahmen des Schiffes auf hoher See das Richtung Wisborg unterwegs ist, spielen z. B. mit jenem Kontrast und verdeutlichen zudem, dass der Film weniger über den narrativen teilweise traumhaft dargestellten Inhalt, als vielmehr durch die durch stimmungsvolle Bilder in Zusammenspiel mit der Musik hervorgerufene unheimliche Atmosphäre funktioniert. Gleichwohl manch eine Szene, wie die nachträglich kolorierte und damals bei Tageslicht gedrehte Einstellung, in der Nosferatu mit einem Sarg durch die Stadt zieht, heute unfreiwillig komisch erscheint. Dennoch appelliert das Grundmotiv des personifiziert Dämonischen in Form des schwarzen Mannes, der sich im Schlaf an uns heranschleicht an eine Urangst. In Verbindung mit der teilweise an einen Traum erinnernden Inszenierung des Vampirs, in der viele Kritiker eine Reminiszenz an die Schauerromantik

---

95 Vgl. Ruthner, S. 41.

96 Ruthner, S. 39.

97 Dorn, Margit: Vampirfilme und ihre sozialen Funktionen, Ein Beitrag zur Genregeschichte, Frankfurt a.M.1994, S. 82.

und die Figuren E.T.A. Hoffmanns sahen, gelingt es Murnau mit fortschreitender Filmdauer die von Beginn an gegebenen Hinweise auf das sich anbahnende Schreckliche, aus der Phantasie des Rezipienten in konkrete phantastische Bedrohungsszenarien zu überführen, die heute aufgrund von einer gewissen „Abgestumpftheit" durch den Sehkonsum, allerdings nicht mehr wirklich Angst erzeugen, sondern oftmals eher unfreiwillig komisch wirken. Von Beginn an stellt sich der Rezipient die Frage, wie der Schrecken nun in die bürgerliche Welt einbricht, denn das er in die bürgerliche Welt einbrechen wird, ist mit den von Beginn an gegebenen eindeutigen Hinweisen klar. Und hier hat der Film aus heutiger Sicht auch seine unheimlichsten Momente. Solange das Schreckliche bzw. die Tat nur angedeutet wird und sich der Rest des Grauens in der Imagination des Rezipienten abspielt, kann der Film auch heute noch in der ein oder anderen Szene ein unbehagliches Gefühl hervorrufen. So zum Beispiel gerade bei den Schattenspielen, wenn Nosferatu die Treppe heraufschleicht. Dieses Prinzip, dass sich das Grauen in der Imagination des Rezipienten vollzieht, findet bis heute übrigens noch Anwendung und ist zu einem gängigen dramaturgischen Mittel der nachhaltigen Angsterzeugung im Spielfilm geworden. In Anbetracht der damaligen politischen Umstände der Weimarer Republik mit all ihren Ausprägungen wie Inflation, politischer Instabilität, Bürgerkrieg und dem Zusammenbruch von althergebrachten Ordnungen sowie den damit einhergehenden Ängsten in der Bevölkerung, lieferte die Figur des Vampirs zudem eine Projektion für Schuldzuweisungen jedweder Art und damit einhergehend in ihrer Darstellung eine Art Katharsis.[98] Der Film war also auch Ausdruck der Ängste jener Zeit und bediente u.a. antisemitische Lesarten und Assoziationen, (Motiv des Blutsaugens, mit Ratten gleichgesetzt etc.) die später im NS-Propagandafilm *Der ewige Jude* (1940, Fritz Heppler) wiederaufgegriffen wurden.[99] Als die soziale Revolution nicht mehr drohte, verschwanden, wie Kracauer herausgestellt hat, auch die phantastischen Figuren

98 Vgl. Dorn, S. 214.

99 Vgl. Hurka, Herbet M.: Filmdämonen: Nosferatu, das Alien, der Terminator und die anderen, Marburg 2004, S. 87 f.

wie der Vampir aus den Filmen der damaligen Zeit.[100] Diese Ebenen spielen in der heutigen Rezeption keine Rolle mehr, sind zum Verständnis des Films aber unabdingbar. Und vielleicht ist es kein Zufall, dass Werner Herzog gerade zur Zeit der Terrorhysterie (also zumindest einer gefühlten sozialen Revolution) in der BRD Ende der Siebziger Jahre, ein Remake unter dem Titel *Nosferatu -Phantom der Nacht* (1979) inszenierte.[101]

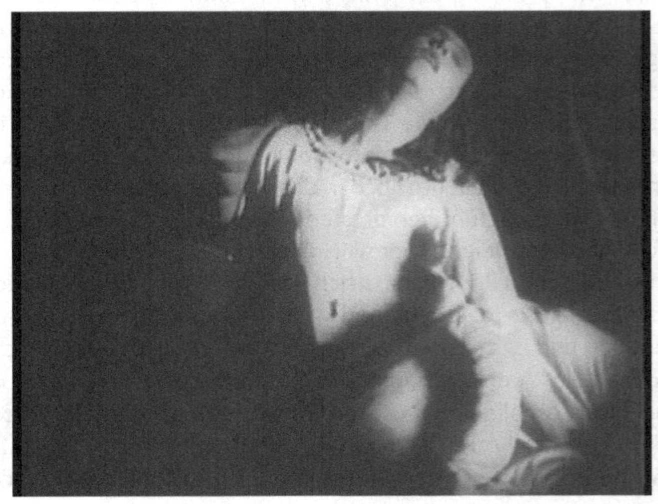

100 Vgl. Kracauer, Siegfried: Von Caligari zu Hitler, Eine psychologische Geschichte des deutschen Films, Frankfurt a.M.1984, S. 144.

101 Vgl. Ruthner, S. 50.

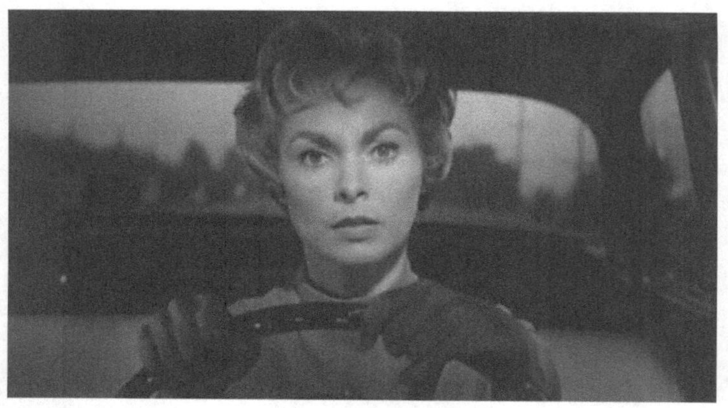

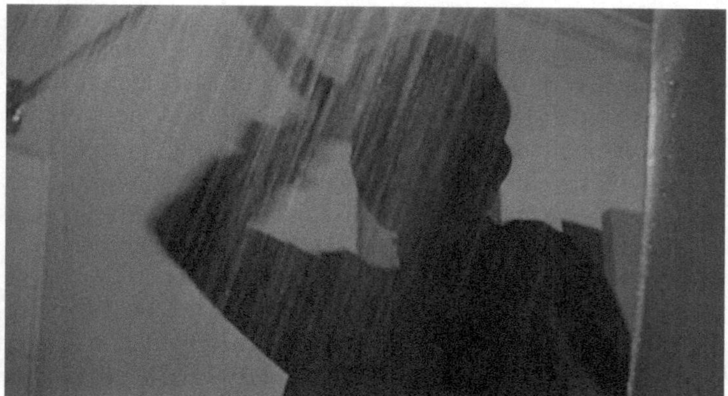

3.2 Das zweite Ich zwischen *Suspense* und *Surprise* – Hitchcocks *Psycho*

Psycho aus dem Jahr 1960 ist wohl Alfred Hitchcocks bekanntester Film und basiert auf der gleichnamigen Romanvorlage von Robert Bloch, die ein Jahr zuvor erschien. Schon das vom Regisseur gewählte Sujet der Schizophrenie des Hauptcharakters Norman Bates (Anthony Perkins) stellte zum damaligen Zeitpunkt ein Novum dar und Hitchcock begründete mit diesem Film das Genre des Psychothrillers, das sowohl Elemente des Thrillers, als auch des klassischen Horrorfilms aufweist. So ist das Anwesen im Film mit dem Haus im gotischen Stil beispielsweise ein klassisches Element des Horrorfilms. Der Film stieß wohl genau deshalb zunächst nicht auf einhellige Zustimmung bei den Kritikern und ihm wurde keineswegs die einflussreiche und wegweisende Rolle zugeschrieben, die er in der späteren Rezeption spielen sollte.[102] Gleichwohl Hitchcock auch in *Psycho* seine altbekannten Stilmittel *Suspense* und *Surprise* (auch als *Thrill* bezeichnet) einsetzt um ein Gefühl des Unheimlichen zu erzeugen. In seinen berühmten Interviews mit François Truffaut erklärte Hitchcock, dass es ihm bei jenem Film lediglich darauf ankam eine Massenemotion (und damit Angst) hervorzurufen.[103] Der Film habe keinen tieferen Sinn und alles an ihm ist lediglich auf dieses Ziel der Angsterzeugung ausgelegt.[104] Der *Suspense* ist gemeinhin so definiert, dass der Zuschauer mehr weiß als die agierenden Charaktere.[105] Nach Hitchcocks Definition enthält er zwei wesentliche Bestandteile: Zum einen eine „dramatische Ironie" und zum anderen die „Plausibilität der Figuren", beispielsweise damit der Rezipient Angst um einen bestimmten Charakter empfinden kann.[106] Gleichwohl in *Psycho* erst wenn es an die Auflösung des Mordes geht, der *Suspense* dominiert (hier am offensichtlichsten bei der Treppenszene im Haus), legt Hitchcock von Beginn an falsche Fährten und erzeugt beim Rezipienten so eine ungewisse Spannung ohne dass der Rezipient zu diesem Zeitpunkt mehr weiß als Marion. Auf unbestimmte Art und Weise wirken die Charaktere, denen Marion (Janet Leigh) auf ihrer Flucht begegnet, bedrohlich. So ist das schlechte Gewissen von Marion, das Geld gestohlen zu haben und die aus dem Off gehörten Gedankenstimmen, die ihr durch den Kopf schießen für jene bedrohliche und spannende Atmosphäre essentiell. Hitchcock lässt uns durch die Augen von Marion sehen und zu diesem Zeitpunkt ist der Film noch ganz Thriller. Die Spannung die wir empfinden entsteht also dadurch, dass Marion

---

102 Vgl. Seeßlen, Kino der Angst, S. 169.

103 Vgl. Truffaut, S. 275.

104 ebd.

105 Vgl. Truffaut, S. 62.

106 Jung, Ulli (Hrsg.) : Alfred Hitchcocks Handschrift, Vom literarischen zum filmischen Werk, Trier 2005, S. 96.

erwischt werden könnte und dementsprechend paranoid wirkt. Sie sieht und wittert Gefahr hinter alltäglichen und banalen Situationen. Man denke nur an die Szene mit dem Autoverkäufer, der aufgrund der Eile die Marion an den Tag legt zunehmend misstrauisch wird. Die eigentliche Angst ist also nicht die vor den Konsequenzen der Tat, sondern die Angst davor jenes Geheimnis die ganze Zeit verbergen zu müssen. Diese narrative Konstruktion erinnert zuweilen an Stefan Zweigs Novelle *Angst*, in der eine Ehebrecherin sich zunehmend vor der Geheimhaltung einer Affäre und sich weniger vor deren Konsequenzen fürchtet. Hitchcock schöpft die Möglichkeiten, die ihm die Figur der Marion in dieser Hinsicht bietet voll aus und gerade als uns Marion sympathisch wird (beim Abendessen mit Norman Bates in dessen Wohnzimmer), lässt sie Hitchcock ungewöhnlicherweise nach dem ersten Drittel des Films in einer der berühmtesten Szenen der Filmgeschichte, dem Mord unter der Dusche, sterben. Hitchcock verstieß damit nicht nur in fundamentaler Weise gegen die ungeschriebenen Regeln der Dramaturgie eines Spielfilms. Die Szene ist auch geradezu ein Paradebeispiel für die Einheit von Visualität und dem Einsatz von Tönen und ist zudem der Technik des *Surprise* zuzuschreiben. Ist *Psycho* über seine gesamte Spielzeit betrachtet ein Film der sehr stark von den Bildern lebt (stumme Szenen machen die Hälfte der Spielzeit aus[107]), wird hier durch sogenannte „shock cuts" in einer äußerst hohen Schnittfrequenz und dem gezielten Einsatz von dramatisch klingenden Tönen gearbeitet. So ist zunächst keine Musik zu hören. Erst ab dem Moment als der Duschvorhang zur Seite geschoben wird, brechen „sehr hohe, stark akzentuierte, schrille und rasch repetierte Streicherklänge ein."[108] Diese rufen beim Rezipienten den Eindruck von Schreien hervor, während die stakkatoartige Rhythmik die Messerstiche audiosiert.[109] Gepaart mit der hohen Schnittfrequenz, bei der geschickt Zeitlupen und Einstellungen mit normaler Geschwindigkeit vermischt werden entsteht so eine Szene von auch heute noch äußerster Brutali-

---

107 Vgl. Seeßlen, Kino der Angst, S. 172.
108 Hentschel, S. 14.
109 ebd.

tät. Gleichwohl in der Szene bei genauerer Betrachtung explizite Gewaltdarstellung fehlt. Den eigentlichen Mord bekommt der Rezipient nicht zu sehen, sondern dieser findet in der Imagination des Rezipienten statt (ausgelöst durch das Zusammenspiel von Musik/Tönen und der Schnittfrequenz sowie der klaustrophobischen Enge der Dusche). Diese Szene verdeutlicht zudem das Einbrechen des Horrors in den Alltag und vermittelt daraus resultierend eine (jedem Thriller innewohnende) potenzierte alltägliche Angst, die fortan wenn der Film zunehmend in die kranke Psyche von Norman Bates eintaucht, mit der geträumten Angst, die sich aus erotischen und moralischen Widersprüchen (hier dem Mutterkomplex) speist.[110] Dies schlägt sich im Film insofern nieder, dass jede Szene, die erotisch konnotiert ist, auch Angst vermittelt.[111] Der Mutterkomplex war zudem für Hitchcock nichts neues, doch auch hier liegt in der psychologischen Umkehrung der Mutterfigur „von der fürsorglichen Behüterin der Familie zur zerstörerischen Despotin"[112] (als Norman Bates' zweites Ich), ein verstörender Kniff vor, der seine Wirkung nicht verfehlt. Nach Freud ist der Doppelgänger der verdrängte Anteil des Ichs, der zum Schreckbild wird.[113] Im Film äußert sich dies folgendermaßen: Sobald Normans „eigentliches Ich" die Zuneigung einer Frau spürt, rebelliert das „Mutter-Ich" (als das Verdrängte) in ihm und tötet die weibliche „Bedrohung".[114] Das unbewusst Verdrängte kehrt also in Form der zweiten Persönlichkeit von Norman Bates, der Mutter, wieder. Das Motiv des Doppelgängers erscheint allerdings auch an anderen Stellen: So als Marion im Spiegel ihr „negatives Ich" zu erkennen scheint, worauf sie das Geld zurückbringen will oder auch als Marions Schwester auf der Suche nach Marion sich im Schlafzimmer der Mutter vor ihrem eigenen Spiegelbild erschrickt. Das Motiv des zweiten Ichs zieht sich durch den gesamten Film und es scheint,

---

110 Vgl. Seeßlen, Kino der Angst, S. 174.

111 ebd.

112 Koebner, Sascha: *Psycho*, In: Vossen, Ursula (Hrsg.): Filmgenres: Horrorfilm, Stuttgart 2004, S. 147–153, S. 149.

113 Vgl. Freud, S. 241–274.

114 Droese, Kerstin: Thrill und Suspense in den Filmen Alfred Hitchcocks, Coppengrave 1995, S. 85.

dass jeder neben dem offensichtlichen Ich, auch noch ein unbewusstes Ich hat, welches zuweilen zum Vorschein kommt. Folgt man Freud in Bezug auf den Film, gleicht dies einem Perpetuum mobile. Das Verdrängte wird zu Angst, die sich wiederum in entladendem oder aggressivem Verhalten äußert, welches wiederum Angst erzeugt. *Psycho* ist somit ein Film, der sich die Erkenntnisse der Psychoanalyse zunutze macht und auf geschickte Weise mit den für Hitchcock eigenen Techniken des *Suspense* und *Surprise* verbindet um Angst zu erzeugen. Bezeichnenderweise entsteht in Folge der Duschszene (*Surprise*) eine nachhaltige Angst beim Rezipienten, es könne noch schlimmer kommen. Die Wirkungskraft dieser Szene liegt neben ihrer nahezu perfekten Konstruktion und Inszenierung wohl auch darin, dass die eigentliche Tat sich in der Imagination des Rezipienten vollzieht, ähnlich wie bei einigen Szenen in Murnaus *Nosferatu* die eigentliche Tat nur durch Schattenspiele angedeutet wird. Deshalb wirkt gerade die Duschszene wohl auch noch heute furchterregend auf den Rezipienten. Abgeschwächt wird diese nachhaltig erzeugte Angst lediglich durch die medizinische-psychologische Erklärung für das Verhalten Norman Bates am Ende des Films. Ohne diese Erklärung hätte der Film nicht nur weitere Lesarten auf unterschiedlichen Ebenen erlaubt. Er hätte gerade durch die dadurch entstandene Ungewissheit (u.a. in Bezug auf die menschliche Psyche) weiter die Imagination des Rezipienten stimuliert und eine noch nachhaltigere unbestimmte Angst erzeugt.

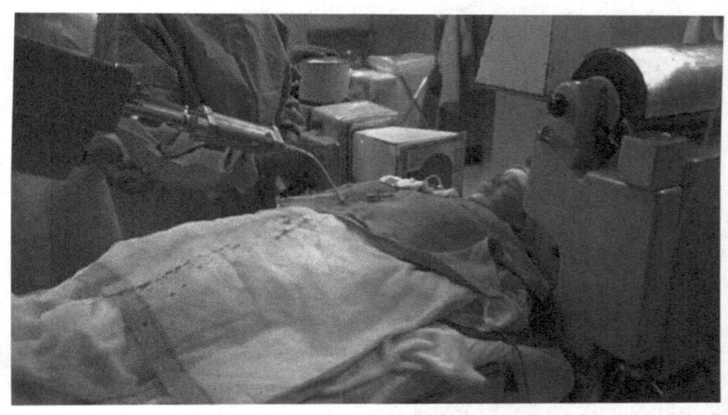

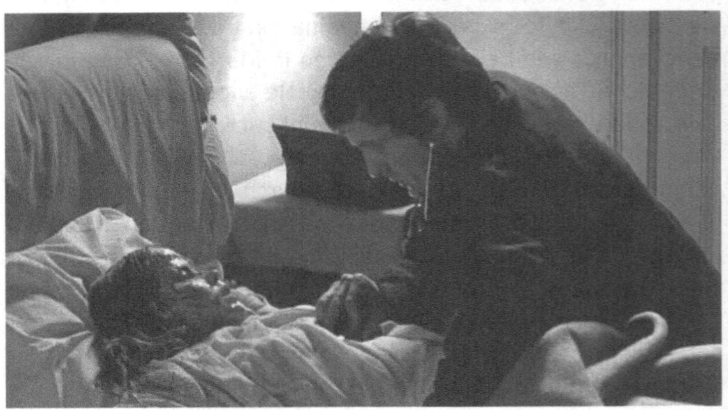

3.3 Wenn der Glaube abhanden kommt – *The Exorzist* von William Friedkin

The Exorzist von William Friedkin aus dem Jahr 1973 ist einer der erfolgreichsten Horrorfilme aller Zeiten. Basierend auf William Peter Blattys ebenso populärer und erfolgreicher Literaturvorlage in dessen Mittelpunkt das vom Teufel besessene Mädchen Regan steht, schuf Friedkin einen Film voller damals revolutionärer Spezialeffekte. Diese Spezialeffekte setzen sowohl auf den Ekel als auch das unheimlich Übernatürliche, werden im Film aber niemals um ihrer selbst Willen eingesetzt.[115] *The Exorzist* kann einerseits auf der Metaebene als metaphorisches, die damaligen gesellschaftlichen und politischen Zustände reflektierendes Portrait verstanden werden, gleichwohl er andererseits aufgrund seiner Gut-Böse Thematik auch perfekt als „einfacher" Horrorschocker funktioniert.[116] Zunächst deutet in *The Exorzist* jedoch nichts auf einen gewöhnlichen Horrorfilm hin. Drei unterschiedliche zunächst sich nicht berührende Erzählstränge handeln von alltäglichen Dingen. Sowohl die Geschichte von Pater Karras (Jason Miller), der im Irak eine, wie der Rezipient erst im weiteren Filmverlauf erfährt, dämonische Skulptur ausgräbt, als auch die des vom Glauben abgefallenen Pater Merrin (Max von Sydow) und die Familiengeschichte der MacNeils deuten zunächst nicht auf einen Horrorfilm hin. Mit fortschreitender Spieldauer wird dem Rezipienten jedoch nach und nach bewusst, dass das Böse (und damit der Horror) von Anfang an in subtiler Form präsent ist. So widmet sich der erste Teil der Narration den beängstigenden physischen und psychischen Veränderungen der 13-jährigen Regan (Linda Blair). Der Horror bricht also genauso wenig plötzlich ein, wie der Rezipient nur darauf wartet in welcher Form er sich vollzieht, wie beispielsweise bei *Nosferatu* (vgl. 3.1). Der Horror in *The Exorzist* entsteht aus der Erkenntnis im Rezipienten, dass er von Beginn an präsent war und wir nach und nach erkennen, dass das Böse in unerwarteter Art und Weise (in Form der besessenen Regan) deutlich sichtbar wird. Aus dieser Spirale, die Friedkin mit diesem dramaturgischen Konzept erzeugt, gibt es für den Rezipienten keinen Ausweg. Ist er (der Rezipient) bei den ersten Symptomen von Regan noch ganz der Überzeugung der Mutter (Ellen Burstyn), dass es sich um eine psychische Störung des Mädchens handele, wird dies mit fortschreitender Filmdauer immer überzeichneter (zum Teil mit ekelerregenden Schockeffekten) konterkariert und der Rezipient in diese Horrorspirale hineingezogen. Hierbei tragen die Musik,

---

[115] Vgl. Rzechak, Christina: *Der Exorzist*, In: Vossen, Ursula (Hrsg.): Filmgenres: Horrorfilm, Stuttgart 2004, S. 188 – S. 194, S. 189.

[116] Vgl. Rzechak, S. 190.

die oftmals auf subtile Art und Weise in die Schallkulissen eingewoben ist, sowie weitere klangliche Elemente wesentlich zur Angsterzeugung bei.[117] Die Musik wird den gesamten Film über beispielsweise nur spärlich eingesetzt und ist wenn dann meist als solche nur bedingt wahrnehmbar, da sie geschickt in die Geräuschkulisse eingewoben ist. Friedkin setzt sie vornehmlich für Übergangsszenen ein, wenn die Kamera z. B. auf das Klinikgebäude zoomt oder als Regans Mutter vom Arzt nach Hause fährt.[118] Sie erzeugt aber immer eine Atmosphäre des Fremden, Kalten und Schaurigen.[119] Die Klänge erscheinen oftmals als fremd- oder andersartig und verweisen damit auf das Grundthema des Films. Im Zuge dessen wird im Film jegliche Form der Rationalität (und damit auch der Wissenschaft) für machtlos erklärt und offenbart, dass dem so subtilen, die ganze Zeit schon allgegenwärtigen Horror, mit dem Verstand nicht beizukommen ist. Die Wissenschaft mit ihrem technischen Fortschrittsdenken, dass die ganze Welt zu erklären vermag ist machtlos, angesichts des okkulten Bösen, dass in diesen Alltag einbricht. Die fehlenden wissenschaftlichen Erklärungen für die mysteriösen Symptome Regans erzeugen nicht nur ein Gefühl der Unheimlichkeit, sondern führen im Film zu weiteren Untersuchungen, die ihrerseits wiederum Angst generieren. Wenn Regan mit riesigen medizinischen Apparaturen beispielsweise schmerzhaft durchgeschüttelt wird oder ihre psychischen Symptome augenscheinlich versucht werden mit Elektroschocks zu therapieren, fällt es dem Rezipienten schwer an das Gute der (technologischen) Fortschrittlichkeit zu glauben.[120] Im Zuge dieser fehlenden Erklärungen befindet man sich natürlich auch auf der Metaebene, die die damaligen gesellschaftlichen und politischen Umstände reflektiert: Der in einem Desaster endende Vietnamkrieg und die Studentenproteste (die im Film, der im Film gedreht wird aufgegriffen werden), die Watergate-Affäre und die alternativen Glaubensideologien von Sekten (vgl. Charles Manson) zeugen hier-

---

117 Vgl. Hentschel, S. 16 ff.
118 ebd.
119 Vgl. Hentschel, S. 18.
120 Vgl. Shelton, S. 233.

von. Die Besessenheit Regans ist auf der Metaebene also auch Ausdruck all dessen. Gleichwohl der zentrale Konflikt in der Zuspitzung der Frage zwischen rationalistischem und metaphysisch religiösem Weltbild liegt.[121] Bezeichnend ist in dieser Hinsicht das Ende des Director's Cut (der Version auf die ich mich hier beziehe) als der Pater als geistlich-religiöse und der Polizist als weltlich-rationale Macht eine allegorische „Versöhnung" eingehen, die einerseits Ausdruck der Ohnmacht gegenüber bestimmten verdrängten (Ur-) Ängsten ist (die sich in Regans Besessenheit äußern); schließlich sind beide Priester bei dem Exorzismus ums Leben gekommen und Regan konnte nur durch eine erneute Verdrängung/Verlagerung des Bösen auf eben Pater Merrin überleben. Andererseits ist dieses Ende aber auch „nur" eine symbolische Versöhnung für die beiden populärsten Erklärungsangebote (Religion und Wissenschaft) zur Überwindung aller Angst und damit dem Tod, denn schließlich mutmaßte schon der konservative Ernst Jünger, dass alle Angst letztlich nur Angst vor dem Tod sei.[122] Unter diesen Vorzeichen ist das zentrale Thema des Films die ständige Bedrohung eines Glaubens, sei es in weltlicher, religiöser, naturwissenschaftlicher, esoterischer oder irgendeiner sonstigen Richtung, dessen Verlust dann Angst erzeugt. Dies erklärt auch die bis heute andauernde Wirkung des Films, der just nach dem 11. September 2001 in dieser Director's Cut Version nochmals in die Kinos kam. Ein Zitat von Regisseur Friedkin lautet: „Jeder sieht im Exorzisten, was er bereits in sich hat." Und Angst ist dies alle Mal.

---

121 ebd.

122 Vgl. Jünger, Ernst: Der Waldgang, Stuttgart 2008, S. 52 ff.

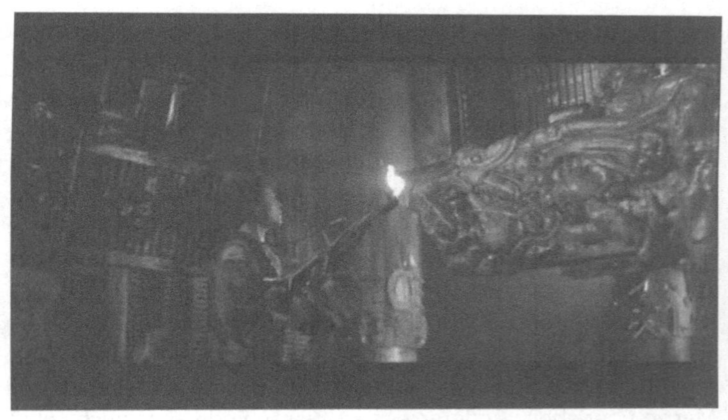

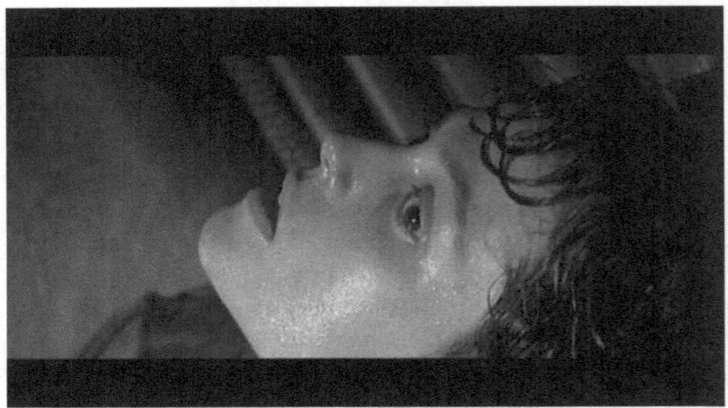

3.4 Zerstörung und Kreation – *Alien* von Ridley Scott

Ridley Scotts *Alien – Das unheimliche Wesen aus einer fremden Welt*, der 1979 in die Kinos kam, verknüpfte erstmals Science-Fiction- und Horror-Elemente und kreierte daraus einen besonders nachhaltigen Angstfilm. Die Geschichte für den Film schrieb Dan O´Bannon, der zuvor bereits zusammen mit John Carpenter die Science-Fiction Parodie *Dark Star* (1975) realisierte. Dan O´Bannon ließ sich bei dem Drehbuch zu *Alien* von alten Low-

Budget-Filmen wie *It: The Terror From Beyond Space* (1958, Edward L. Cahn) inspirieren.[123] Dieser Film thematisiert wie ein festsitzender Überlebender einer Marsexpedition von einer Rettungsmission aufgegriffen wird und ein mysteriöses Wesen mit an Bord bringt, das nach und nach alle Crewmitglieder umbringt. Obwohl der Film einige aus *Alien* bekannte Szenen bereits vorwegnimmt (Bsp. Gefecht in der beklemmenden Enge des Lüftungsschachts), schafft er es dennoch nicht die unheimliche Atmosphäre des gut zwanzig Jahre später realisierten *Alien* zu erreichen und wirkt heute eher trashig-komisch. Ridley Scotts Film unterschied sich durch die bereits genannte Kreuzung aus Science-Fiction- und Horror-Elementen fundamental von anderen zu jener Zeit realisierten Science-Fiction-Filmen, die wie *Star Wars* oder *Star Trek* eher märchenhaft bzw. kindgerecht gehalten wurden und dementsprechend auch nicht von Urängsten handelten. *Alien* thematisiert dagegen mit jeder (zu jener Zeit) erdenklichen inszenatorischen Möglichkeit die Urangst vor dem Unbekannten und spielt auf der Metaebene zudem mit den Symbolen des Todes und des Eros. So ist das von dem Schweizer Künstler H.R. Giger entworfene Alien, mit seinem phallischen Kopf, der auf einem skelettartigen Körper sitzt, der personifizierte Ausdruck dieser Verbindung.[124] Ausdruck dessen ist auch das Schlüpfen des Aliens aus dem Wirt, das als eine Art Geburtsvorgang bezeichnet werden kann und von Scott nahezu dokumentarisch, ohne den Einsatz von dramatischer Musik inszeniert wird und beim Rezipienten so für einen überraschenden Schockeffekt sorgt. Auf der narrativen Ebene markiert diese Szene, in der Kane (eine Anspielung auf den biblischen Kain?) das Alien gebiert, zudem den Wendepunkt, von dem an die Besatzung gejagt wird. Bis zu diesem Zeitpunkt wird im Film vornehmlich eine unheimliche Atmosphäre aufgebaut und schon die ersten Einstellungen bzw. Kamerafahrten zeigen dem Rezipienten die engen metallischen Gänge mit den darunter liegenden Lüftungsschächten, die später zum Schauplatz des Todeskampfes werden sollen. Zu dieser unheimlichen entfremdeten Atmosphäre trägt auch die

[123] Vgl. Hurka, Herbert M.: Filmdämonen, S. 199.
[124] Vgl. Fritsch, S. 117.

Abgeschnittenheit von der Außenwelt, hier in Form des vom Kurs abgekommenen Raumkreuzers, bei, die ein klassisches wiederkehrendes Motiv in vielen Angstfilmen darstellt und den klaustrophobischen Rahmen für das Grauen bietet. Dieser Rahmen wird im weiteren Filmverlauf, nachdem das Alien aus Kane (John Hurt) hervorgebrochen ist, auch exzessiv genutzt. Viele Szenen generieren in diesem Rahmen eine enorme Spannung und sind von fast zerreißender Intensität. Wenn Dallas (Tom Skerritt) beispielsweise mit einem Flammenwerfer bewaffnet durch die Lüftungsschächte kriecht oder einer der beiden Mechaniker auf der Suche nach der Katze, in einer Art Maschinenraum landet, wartet der Rezipient förmlich auf den „Überfall" des Aliens. Gleichwohl setzt Scott das Alien jedoch spärlich ein und es ist über die gesamte Spielzeit betrachtet, lediglich vier Mal und dann auch nie vollständig, zu sehen. Hieraus generiert *Alien* auf der filmischen Ebene den Großteil seines Angstpotenzials, denn der Horror oder das eigentlich Schreckliche entsteht im Kopf des Rezipienten, wo der Regisseur nur andeutet. Die hervorgerufene Angst beim Rezipienten speist sich also aus der bedrohlichen Ungewissheit und ist dementsprechend unmittelbarer und auch nachhaltiger.[125] Gleichwohl die nachhaltige Wirkung des Films sicherlich nicht nur auf die filmische Ebene reduziert werden kann. Wie in den vorangegangen Beispielen (vgl. 3.3) bereits dargestellt wurde, trägt immer auch die Metaebene zur nachhaltig erzeugten Angst eines Films bei. Im Falle von *Alien* liefert die Figur des Aliens, mit den ihr eigenen Symbolen des Todes und des Eros, in visueller Hinsicht (wenn auch immer wieder nur in Andeutungen) Hinweise auf Ängste die mit dem Beginn und dem Ende, also Geburt und Tod, des menschlichen Lebens zu tun haben.[126] Man kann in der phallischen Erscheinung des Wesens bedrohliche Aspekte der männlichen Sexualität und dem Akt der Penetration als Gewalt erkennen.[127] Das Alien und damit die gesamte Spezies, wie im zweiten von James Cameron inszenierten Teil deutlich wird, muss töten um gebären

---

125 Vgl. Fritsch, S. 122.
126 Vgl. Fritsch, S. 118.
127 ebd.

zu können. Es verschmelzen in der Figur des Aliens also Lebens- und Todestrieb, die wenn man Freud und seiner in der Psychoanalyse aufgestellten Trieblehre folgt auch unmittelbar miteinander verknüpft sind. *Alien* ist somit auf der Metaebene ein einziger in sich geschlossener Kosmos der Zerstörung und Kreation und damit auch des Lebens. Angst ist mit Heidegger also der Schwebezustand oder die Grauzone dazwischen, das „In-der-Welt-sein", zwischen den Polen Zerstörung und Kreation oder *thanatos* und *eros*.[128] Und dieser Schwebezustand ist in *Alien* auf der Metaebene allgegenwärtig, weshalb er gepaart mit der visuellen Umsetzung und der Kunst des Andeutens auch heute noch eine nachhaltige Angst beim Rezipienten hervorrufen kann. Aufgrund der Universalität der Themen Tod und Leben respektive Zerstörung und Kreation ist es auch unwahrscheinlich, dass dieser Film in der Zukunft neu aufgelegt werden wird, allenfalls in Form einer 3D-Version. Es existieren lediglich aus kommerziellen Gründen verschiedene Ableger wie *Alien vs. Predator*, die allerdings nachhaltig keine Angst erzeugen, sondern lediglich auf die Inszenierung von Spektakel setzen.

[128] Heidegger, S. 189.

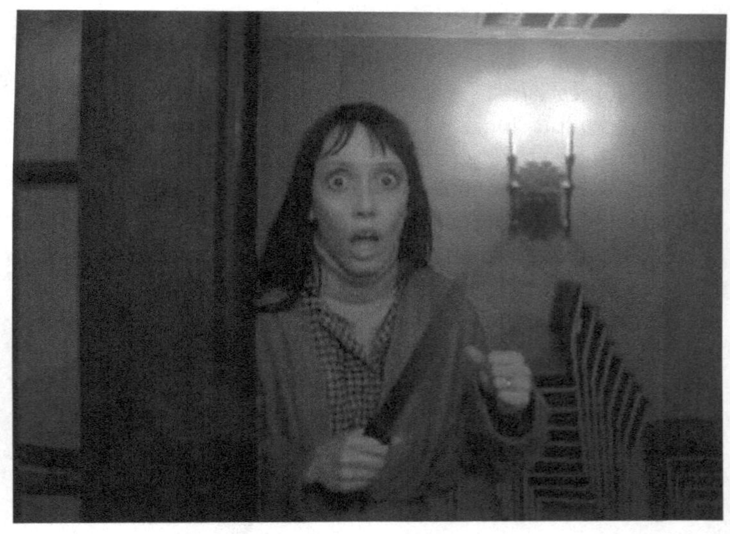

3.5 „Die ungeheure Welt, die ich im Kopf habe" – Kubricks *The Shining*

Stanley Kubricks *The Shining* (1980), basierend auf der Romanvorlage von Stephen King, kann zunächst einmal aufgrund seiner teilweise übertriebenen Darstellung in Mimik, (man denke nur an Jack Nicholsons Fratze in der berühmten Axt-Szene) und dem Wiederkehren von eigentlich banalen Einstellungen (wie die Woge von Blut, die durch Treppenhaus und Fahrstuhltüren bricht) auch als Parodie auf das Genre des Horrorfilms gelesen werden. Gleichwohl gelingt Kubrick ein verstörender Film, der im Gegensatz zum Roman von Stephen King, den Horror deutlicher in die Psyche der handelnden Charaktere und somit auch der Rezipienten verlegt, was die parodistisch das Genre zitierenden und reflektierenden Konventionen nahezu unbemerkt erscheinen lässt. King und vor allem Kubrick bedienen sich hierbei sowohl der Architektur als auch den materiellen Strukturen (wie z. B. der Einrichtung) des Hotels als zentrale Metaphern für den Seelenzustand von Hauptprotagonist Jack Torrence (Jack Nicholson). Gleichwohl bei Stephen King die Räumlichkeiten des Overlook-Hotel teilweise als lebendiger Organismus beschrieben werden, der für den Horror maßgeblich verantwortlich erscheint.[129] Bei Kubrick werden diese Metaphern jedoch noch um das antik-mythologische Bild des Labyrinths erweitert und spiegeln Jacks Charakter unweigerlich in der mythisch zeitlosen Figur des Minotauros wieder.[130] Jenes Labyrinth, das sich im Overlook-Hotel als Modell wiederfindet, ist zum einen Teil einer unheimlichen Verdoppelung, die sich durch den ganzen Film zieht und ein zentrales Motiv für die Verunsicherung des Rezipienten darstellt. Zum anderen ist das Labyrinth auch Ausdruck für die narrative Konstruktion des Films, der ganz in der Tradition der Phantastik stehend, Realität und Traum gepaart mit Erinnerung und Mythos verschmelzen lässt und dem Rezipienten jeden Versuch eine logische Erklärung zu finden vereitelt.[131] Das Labyrinth ist zudem als Metapher für Jacks verwirrten Verstand zu verstehen, was spätestens deutlich wird, wenn die Kamera in einer langsamen subjektiven Zoom-Einstellung auf das Modell des Labyrinths heranfährt und Wendy (Shelley Duvall) und Danny (Danny Lloyd), die zur selben Zeit das „richtige" Labyrinth vor dem Hotel durchwandern. Der Film nimmt hier erstmals eine subjektive Perspektive Jacks, welche auf sein zunehmend verwirrtes Innenleben hinweist. Gleichwohl werden dem Rezipienten natürlich schon früher Hinweise auf die sich anbahnende Katastrophe geliefert. So liefern Dannys imaginärer Freund „Tony" (eine Stimme die in seinem Mund wohnt) und seine „Shinings", die Blutwoge die durch die Fahrstuhltüren bricht und die beiden Grady-Töchter, die Hand in Hand im Flur stehend erscheinen, bereits erste Hinweise auf bestimmte Aspekte in Jacks Unterbewusstsein.[132] Mit „Tony", Dannys imaginärem Freund und den Grady-Töchtern werden zudem bereits zwei der unheimlichen

---

129 Im Film kann lediglich die alte verwesende Frau aus Zimmer 237 zu jenen aus dem Roman erhalten gebliebenen organischen Elementen gerechnet werden.

130 Vgl. Pallasmaa, Juhani: Das Ungeheuer im Labyrinth, Die Architektur von *The Shining*, In: Kinematograph Nr.19 (Schriftenreihe des Deutschen Filmmuseums Frankfurt a.M. 2004), S. 201.

131 ebd.

132 Vgl. Nelson, Thomas Allen: Stanley Kubrick. Spartacus, 2001: Odyssee im Weltraum, Uhrwerk Orange, Shining, München 1982, S. 281.

Doppelungen in den Film eingeführt. Die unheimlichen Doppelungen sind auf nahezu allen filmischen Ebenen zu finden. So ist Jack in der Einstellung nach dem Aufwachen und auch in jenem das Böse vorausahnenden aber nichtsdestotrotz fast liebevollen Vater-Sohn-Gespräch, z. B. im Spiegel zu sehen, was die ästhetisch verunsichernde bzw. die schizophrene Mise-en-scene hier unterstreicht. Zu dieser Schizophrenie, deren Ausdruck die Doppelungen sind, kommt die unübersichtliche labyrinthartige räumliche Struktur des Hotels, die als architektonisch zusammenhangslos erscheint, was schon im Einstellungsgespräch Jacks deutlich wird, als Direktor Mr. Ullman (Barry Nelson), Jack das Hotel beschreibt.[133] Das Hotel erscheint mit seinen endlosen Gängen und seinen riesigen Räumen also als das eigentliche Labyrinth (und symbolisch damit als Jacks verwirrter Verstand), was beim Rezipienten Orientierungslosigkeit erzeugt. Das Heckenlabyrinth und sein Modell stellen hiervon lediglich symbolische Ergänzungen im Zeichen der Doppelungsstrategie dar, die sich mit Jacks zunehmender Schizophrenie manifestieren. Im Unterschied zu mysteriösen, an klassische Spukhäuser angelehnte Inneneinrichtungen wie beispielsweise in *The Haunting* (1963) von Robert Wise, wirkt die Innenausstattung des Overlook-Hotels wie ein gewöhnliches, mit Einrichtungskitsch überladenes Hotel mit riesigen Hallen. Obgleich das Äußere des Hotels an Kulissen expressionistischer Filme aus den 20er Jahren erinnert, die wiederum auf den Spukschlössern der Schauerromane beruhen. Eine indirekte Referenz ist also zumindest äußerlich gegeben. Der Fokus liegt dennoch auf der Innendarstellung des Hotels und seiner Orientierungslosigkeit erzeugenden, labyrinthartigen Struktur, die nicht zuletzt durch die riesigen Räume hervorgerufen wird. Dies reiche laut Kubrick auch vollkommen

---

[133] „Das Overlook-Hotel hat hundertzehn Gästequartiere. Dreißig davon, alles Suiten, befinden sich im dritten Stock. Zehn im Westflügel – einschließlich der Präsidentensuite - , zehn in der Mitte und zehn weitere im Ostflügel.[...][auf der zweiten Etage] vierzig Zimmer, dreißig Doppel- und zehn Einzelzimmer. Und im ersten Stock je zwanzig. Plus drei eingebaute Wäscheschränke auf jeder Etage und ein Lagerraum, der sich im zweiten Stock am äußersten östlichen, im ersten am äußersten westlichen Ende befindet. Noch Fragen? [...]"

aus um beim Rezipienten ein Gefühl der Unsicherheit hervorzurufen, wie er in einem Interview preisgibt.[134] Verstärkt wird diese beklemmende Atmosphäre durch fehlende Fenster im Hotel und die ständige Winterdunkelheit, weshalb nahezu im gesamten Film künstliche Beleuchtung dominiert. Dies ist wohl nicht zuletzt der Grund weshalb Kubrick sich entschied Zwischentitel in den Film einzufügen die, die verstrichene Zeit kenntlich machen sollen.[135] Interessant hierbei ist, dass sich die Zeitintervalle in der Abfolge der Zwischentitel beschleunigen, was dramaturgisch gesehen nicht nur logisch erscheint, sondern auch ein Gefühl der Panik hervorruft. Die Zwischentitel stellen somit letzten Endes nur eine weitere Ebene im Labyrinth dar.[136] Überhaupt ist der Film in der Dramaturgie klassisch konstruiert und folgt demnach dem Prinzip der Steigerung und Intensivierung. Dies schlägt sich bei *The Shining* auch in Einsatz und Auswahl der Musik nieder. Diese wird oft über lange Strecken ausgespielt und wiederholt.[137] Vor allem im ersten Drittel des Films, dient dieser Einsatz über lange Strecken dem Aufbauen einer unheimlichen Atmosphäre. Mit Einbrechen des Horrors weicht die oft unterschwellige unheimliche Musik dann mehr und mehr einer Todesangst und Stress wiederspiegelnden Musik und die Musik nimmt man zum Teil nicht mehr als solche wahr.[138] Die eminent wichtige Bedeutung der Musik bei der Erzeugung des Horrors geht sogar soweit, dass wohl einige Szenen ohne Musik schlichtweg nicht funktioniert hätten.[139] Wenn Jack mit erstarrter Miene im Arbeitszimmer sitzt und die Kamera langsam auf sein Gesicht zoomt, so bewirkt die Musik gleichsam die Illusion eines Mienenspiels, obwohl sich der Mundwinkel von Jack erst kurz darauf zu einem zynischen abgründigen Grinsen verzieht.[140] Die Musik ist also ebenso Ausdruck von Jacks labyrinthartigen psychischen Vor-

---

134 Vgl. Hill, Rodney: The Shining, In Castle, Alison (Hrsg.): The Stanley Kubrick Archives, Köln 2005, S. 450.
135 Vgl. Pallasmaa, S. 203.
136 ebd.
137 Vgl. Hentschel, S. 21 f.
138 Vgl. Hentschel, S. 22 ff.
139 ebd.
140 Vgl. Hentschel, S. 25.

gängen und verweist in ihrem Einsatz ebenso wie schon die Dialogszene im Auto (die sich um Kannibalismus dreht) zu Beginn des Films auf das sich anbahnende Unheil.[141] Der Horror in *The Shining* entsteht in der Psyche der Protagonisten. Die labyrinthartigen Strukturen die sich auf allen Ebenen durch den Film ziehen und Zeit und Raum mit fortschreitender Filmdauer zunehmend verdichten, können also als Sinnbild für Jacks Psyche verstanden werden. In diesem Sinne erscheint auch die Endsequenz, wenn die Kamera auf das alte Foto vom 4. Juli 1924, auf dem Jack inmitten einer eleganten Ballgesellschaft zu sehen ist und der Hinweis des Barkeepers (Joe Turkel), dass Jack hier schon immer der Hausverwalter gewesen ist, ganz im Sinne von Freuds Unterbewusstem. Gleichwohl man glaubt, nicht der Hausverwalter zu sein, ist man es vielleicht doch schon immer gewesen. Oder gleichwohl man glaubt der Hausverwalter zu sein, ist man vielleicht doch nicht immer der „Herr im Haus". *The Shining* führt uns wieder einmal genau diese Unbeherrschbarkeit des Unterbewussten vor Augen und generiert daraus eine unbestimmte Angst vor den Unwägbarkeiten der menschlichen Psyche.

---

141 ebd.

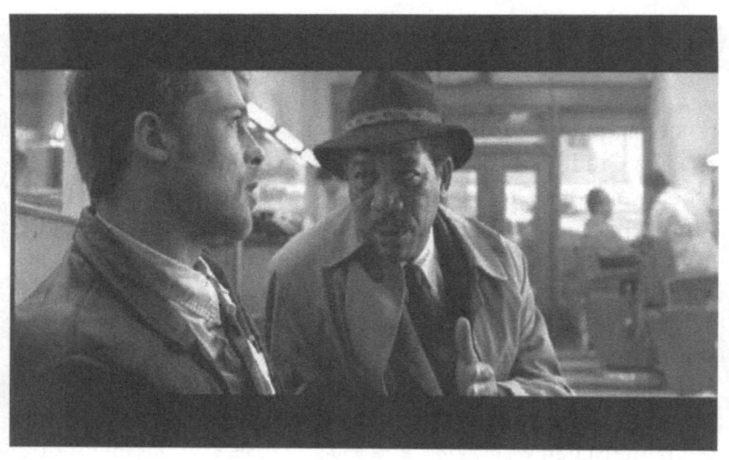

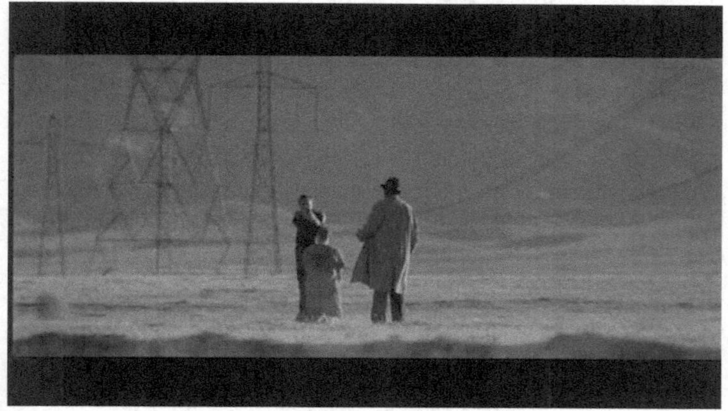

3.6 Die Provokation einer Selbstreflexion – *Se7en* von David Fincher

Se7en (1995) von David Fincher ist neben Jonathan Demmes *The Silence Of The Lambs* (1991) wohl der bedeutendste Psychothriller der neunziger Jahre. Er ist als solcher perfekt durchdacht, intelligent konzipiert und wartet am Ende mit einer überraschenden und verstörenden Wendung auf. Schauplatz von Finchers düsterem Thriller ist eine nicht benannte Stadt, die im Film lediglich kurz als das Gegenstück vom „Norden" bezeichnet wird.[142] Ein mutmaßlich allgegenwärtiger und mysteriöser Serienkiller treibt hier sein Unwesen und prangert mit jedem seiner Morde, die sich auf die sieben Todsünden beziehen, die verlorengegangenen Werte der Gesellschaft respektive Zivilisation an. Die Stadt und damit ein Gleichnis für die Zivilisation erscheint also als Ort, aus dem die Sünde hervorquillt. In dieser Atmosphäre, die der Film von Beginn an durch dunkle Bilder (meist aus naher oder halbnaher Einstellung) und eine hektisch wirkende Szenerie (am ersten Tatort) sowie störende Geräusche aufbaut, ermitteln die beiden gegensätzlichen Detectives William Somerset (Morgan Freeman) und David Mills (Brad Pitt). Somerset erscheint hier als typischer Realist, der sich mit der moralisch verruchten Welt abgefunden hat und um das Schlechte im Menschen weiß, während Mills sich als von seinen Emotionen geleiteter chaotischer aber moralisch integrer Draufgänger entpuppt, der an die gute Sache und das Gute im Menschen glaubt. Die Gegensätzlichkeit zwischen beiden schlägt sich nicht nur auf der Handlungsebene und damit in der Figurenzeichnung nieder, auch auf der visuellen Ebene verdeutlicht Fincher die Gegensätzlichkeit von Hell und Dunkel als eine Art Schwarz-Weiß Muster, die sich nicht nur in der Besetzung der Hauptdarsteller niederschlägt, sondern auch was die Mordschauplätze (die ersten drei Schauplätze sind dunkel, die folgenden hell) und die Farbgestaltung des Films anbelangt.[143] So entsteht beim Rezipienten beispielsweise der Eindruck, die Handlung spiele sich nahezu nur bei Nacht ab, was bei genauerer Betrachtung allerdings nicht der Fall ist, sondern dem scheinbar immer präsenten Regen geschuldet ist, der maßgeblich zur düsteren Atmosphäre des Films beiträgt.[144] Diese beiden unterschiedlichen und überzeichneten Charaktere bilden also die Speerspitze des Dualismus, der als ästhetisches Konzept auf allen Ebenen den Film durchzieht und essentiell für die narrative Entwicklung und die zunehmende Spannung ist. Gleichwohl die beiden Charaktere

---

142 Vgl. Sannwald, Daniela: Im Herzen der Finsternis: *Se7en*, In: Schnelle, Frank (Hrsg.): David Fincher, Berlin 2002, S. 131–150, S. 131.

143 Vgl. Sannwald, S. 132 f.

144 ebd.

(und vor allem Mills) für den Rezipienten auch als Identifikationsfläche fungieren was bei der Erzeugung von Schrecken in diesem Film konstitutiv ist. Der Rezipient verfolgt in bewährter Thriller-Manier die beiden Protagonisten und ihre Ermittlungen, wird dabei aber immer wieder zu einer eigenen Haltung bezüglich der verschiedenen Weltanschauungen der beiden Protagonisten gedrängt. Wenn Somerset und Mills beispielsweise in der Kneipe sitzen und beide ihre konträren Ansichten über die Menschen mitteilen und im Anschluss daran nach Hause zurückkehren, Mills zu seiner Frau (als geborgener Rückzugsort) und Somerset in seiner Wohnung erst das Metronom (das zu Beginn des Films noch die innere Gefasstheit demonstriert haben mag) zertrümmert und dann ein Messer auf die Dartscheibe wirft, so scheint es als wolle uns Somerset seine pessimistische Sichtweise auf die Welt (in Form des Messers) direkt und unmissverständlich ins Gesicht schleudern und uns ermahnen nicht allzu naiv dem Gräuel in der Welt da draußen zu begegnen. Dies führt im Rezipienten zu einer Reflexion über das eigene Handeln bzw. die eigene Weltanschauung und verstärkt die Identifikation mit den beiden Protagonisten. Die Reflexion auf der Ebene des Rezipienten geht maßgeblich einher mit den Taten des Mörders Jon Doe (Kevin Spacey), die ausschlaggebend für die Reflexionen und Diskussionen auf der filmischen Ebene, also der der Protagonisten sind. Während der Rezipient sich in seiner Weltanschauung wohl irgendwo zwischen Mills und Somerset positioniert, so weicht auf der einen Seite die pessimistische Einstellung zur Menschheit von Sommerset nur wenig von der Einstellung Jon Does ab, während auf der anderen Seite Mills ihn als einen geisteskranken Serienmörder abtut. Aus diesen konträren Anschauungen (Dualismus), die im Film den Rezipienten also immer wieder dazu zwingen sich zu positionieren, speist der Film den Schrecken des großen Finales. Mit den narrativen und gestalterischen Elementen der Spannungserzeugung (in der ersten Hälfte ist dies ein klassischer „whodunit" gepaart mit dem üblichen Einsatz von wenig Licht, unheimlichen Kulissen und störenden Geräuschen) generiert der Film bis zur Selbstanzeige Jon Does, so eine unglaublich spannungsgeladene Atmosphäre des Schreckens. Die Tatsache, dass der Rezipient weder die Taten, die Meteling als „visuelle Splatterinstallationen" beschreibt noch das

Antlitz von Jon Doe zu Gesicht bekommt tragen bis zu jenem Punkt maßgeblich zur Angsterzeugung bei (da an die Phantasie appellierend) und verleihen dem mysteriösen Serienkiller eine quasi religiöse Rächer-Aura.[145] In jenem Moment als Jon Doe sich der Polizei stellt bekommt das Böse ein Gesicht und der Film nimmt eine für das Thriller-Genre unkonventionelle Wendung. Der Serienkiller erscheint auf dem Weg zum Showdown als ruhiger und ausgeglichener Mensch, was eine unheimliche Wirkung hat und zugleich Spannungselement ist. Gleichwohl bei jener Autofahrt sich bereits der fundamentale Konflikt zwischen Mills und Jon Doe anbahnt. Der Rezipient wird auch diesmal mit sich selbst konfrontiert, als Jon Doe bei der Erläuterung der Sünden seiner Opfer erstmals so etwas wie Sympathie wecken kann. Mit der Aufklärung der Ereignisse in einem fulminanten Showdown muss sich der Rezipient eingestehen, dass der Serienmörder die beiden Protagonisten und auch ihn (den Rezipienten), da sie als Identitätsflächen dienten, von Anfang für sein Spiel missbraucht hat und dadurch, die durch die filmische Reflexion aufgebaute Weltanschauung des Rezipienten zum Einsturz bringt. Die Projektionsfläche unserer Identität wird also niedergestreckt, worin sich das volle Angstpotenzial des Films entfaltet, denn der Verlust von Identität in jeglicher Hinsicht erzeugt Angst. Indem Mills den Mörder niederstreckt wird er selbst zu einem Mörder und damit zu einem Teil des von ihm immer Verachteten. Der Film etabliert also auf der Metaebene eine eindeutig kulturpessimistische Lesart, dass das Böse in jedem von uns steckt und wenn man es als solches bezeichnet, kontextabhängig ist. Es gibt also weder Schwarz noch Weiß, sondern lediglich eine Grauzone. Und diese Grauzone mit dem Infragestellen unserer Werte erzeugt Angst, denn das Böse kann in unüblicher Form daherkommen und ist vielleicht nicht gleich als solches erkennbar. Nach dem Ende des Kalten Kriegs und damit dem Wegfall eines offensichtlichen Feindbildes, führt *Se7en* die Unsicherheit gegenüber einem nicht klar definierten Feind vor Augen, der aus dem Inneren der eigenen Gesellschaft kommt.

---

[145] Vgl. Meteling, Arno: Zu Körperlichkeit und Medialität im modernen Horrorfilm, Bielefeld 2006, S. 250.

Durch den Kontext der Taten Jon Does, die zudem eine strukturelle Ähnlichkeit mit denen der islamistischen Terroristen des 11. Septembers 2001 aufweisen, erhält der Film nach 2001 eine ungeheure Aktualität und zwingt dementsprechend zur Reflexion über die Beweggründe der Täter und das Infragestellen der eigenen Werte, denn sowohl im Film als auch in der Realität wird als Motivation die Dekadenz der (westlichen) Gesellschaft angeprangert.[146]

[146] Vgl. Sannwald, S. 138.

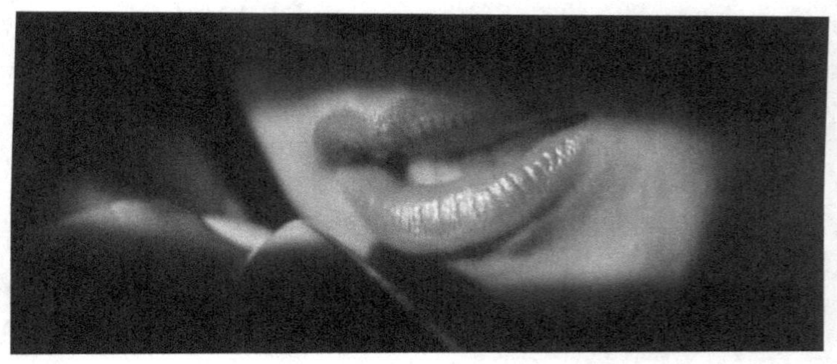

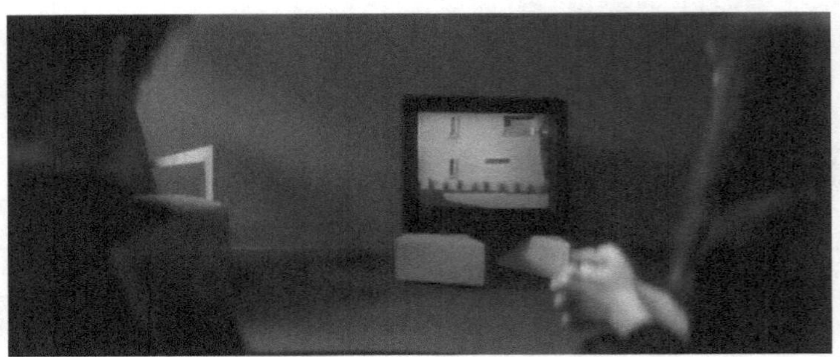

3.7 Die Quadratur des narrativen Kreises – *Lost Highway* von David Lynch

Lost Highway (1997) von David Lynch steht ganz in der Tradition von Lynchs vorherigen Filmen wie *Twin Peaks – Fire walks with me* (1992) oder *Blue Velvet* (1986). Er erschafft, wie im Lynch-Kosmos üblich, eine eigene Welt, welche durch eine nichtlineare Organisation der Zeit sowie die Uneindeutigkeit des Raumes und der eigenen Identität gekennzeichnet ist, was Georg Seeßlen die Zerstörung des „cinematographischen Horizonts" nennt.[147] Dementsprechend sind auch alle Interpretationsversuche von Seiten der Kritiker mehr oder weniger zum Schei-

---

147 Seeßlen, Georg: Ein endlos geflochtenes Band: *Lost Highway*, In: Ders.: David Lynch und seine Filme, Marburg 2007, S. 152–174, S. 169.

tern verurteilt, da die Filme (*Lost Highway* eingeschlossen) sich jeglichen logischen und kausalen Interpretationsmustern entziehen. Deshalb soll in diesem Kapitel auch gar nicht erst der Versuch unternommen werden (mit der Ausnahme des Hinweises auf das Doppelgängermotiv da es konstitutiv für das „Unheimliche" ist), eine filmische Metaebene auszumachen um die unheimliche Wirkung dieses Films zu erklären, da sie sich ohnehin aus den oben genannten Komponenten des Lynch-Kosmos speist. Im Grunde ist *Lost Highway* ein „übersinnlicher, psychotischer Thriller mit logischen Schleifen, die nicht mehr in einer linearen Erzählweise aufzulösen sind (...).[148]" Gleichwohl er zur Erzeugung von Angst aber auch einige aus dem Horrorfilm bekannte Elemente, wie das Verharren der Kamera auf dem Dunklen oder die kurzen grausigen Einspielungen in Form der dritten Videokassette mit dem blutigen Tatort, beinhaltet. Diese Elemente werden mit typischen Lynch-Stereotypen wie überbetonten Dialogen, der Kneipe als mysteriösem Zwischenreich, dem nächtlichen Blau der Neonreklame usw.[149] vermengt um die unheimliche Wirkung der jeder dramaturgischen Konvention widersprechenden Narration zu verstärken. Jene Narration beginnt mit einer kurzen Ouvertüre in der ein Mann rauchend vor sich hinsinniert und durch die Türsprechanlage von einer Stimme die Nachricht erhält, dass Dick Laurent tot sei. Diese Nachricht ist der Auftakt zu einer verwirrenden, unheimlichen und zuweilen grausamen Achterbahnfahrt durch den lynchesken Kosmos von *Lost Highway*. Der Mann ist Fred (Bill Pullman) und verheiratet mit Renée (Patricia Arquette), deren kühle und distanzierte Ehe schon zu Beginn des Films ein unheimliches Element darstellt und die erste Ebene der Repräsentation von Wirklichkeit im Film einleitet.[150] Folgt man der Definition von Freud wonach das „Unheimliche" den Gegensatz des heimeligen bzw. heimischen verkörpert (siehe 2.2), so ist diese Beziehung ein Paradebeispiel für die Bezeichnung im Wortsinne. Die unheimliche Distanz zwi-

---

148 Seeßlen: David Lynch, S. 153.

149 Vgl. Seeßlen: David Lynch, S. 154.

150 nach Seeßlen bilden der Traum, das Videoband und die Tat die drei Ebenen der Repräsentation von Wirklichkeit, Vgl. Seeßlen, David Lynch, S. 159.

schen beiden, die sich auch als eine Mischung aus Entfremdung und Zärtlichkeit deuten lässt, äußert sich dem Rezipienten bereits in der ersten Dialogszene, wenn Renée nicht mit in den Club gehen möchte und stattdessen lieber zu Hause bleiben und lesen möchte. Fred ist darüber ziemlich erstaunt und fragt „Lesen? Was lesen?" womit er sie dennoch zum Lachen bringt. Die Sehnsucht nach einer (abhanden gekommenen) Sinnlichkeit ist also auch allgegenwärtig.[151] Gleichwohl in dieser merkwürdigen Szene bereits eine unheimliche Andeutung, die folgenden Ereignisse betreffend mitschwingt. Als Fred nach seinem Auftritt in der „Luna Lounge", vergeblich versucht Renée zu erreichen und sie dennoch (entgegen seinen Erwartungen?) im Bett vorfindet, scheint ihn das nicht zu beruhigen. Das Gefühl der Entfremdung und des Misstrauens zwischen den beiden scheint ständig präsent. Woher es kommt wird in einer Szene deutlich, als Fred an einem scheinbar anderen Abend, Renée von der Bühne aus mit einem anderen Mann den Club verlassen sieht. Mit dem Aufkommen von Freds Träumen, die die entfremdete Beziehung zu thematisieren scheinen und den mysteriösen Videobotschaften, die zunächst die Hausfassade und dann das Eindringen in das Haus, also den sicheren Rückzugsort zeigen und die zweite Ebene von Wirklichkeitsrepräsentation im Film darstellen, spielt Lynch mit den Grundängsten der Rezipienten.[152] Das Eindringen eines Fremden und die Bedrohung dieses sicheren Rückzugsort, ein Motiv das Michael Haneke auch in *Cache* (2005) verwendete, sowie die eigene Frau als entfremdete Person wahrzunehmen sind hier jedoch noch Ängste, die innerhalb einer kausalen Welt des Films entstehen. Dies ändert sich mit dem Auftreten des „Mystery Man", mit seinem maskenhaften Äußeren, der augenscheinlich allgegenwärtig ist. Während er auf der Party von Andy, einem Freund Renées ist, behauptet er auch gleichzeitig in Renées und Freds Haus zu sein, worüber Fred zunächst nur müde lächeln kann. Als er ihm ein Telefon reicht und meint er solle ihn, den „Mystery Man", anrufen, meldet sich der mysteriöse Fremde tatsächlich am anderen Ende der Leitung obwohl er zu diesem

[151] Vgl. Seeßlen: Lynch, S. 156.
[152] Vgl. Seeßlen: Lynch, S. 159 f.

Zeitpunkt Fred noch gegenübersteht. Diese Szene markiert den Einbruch einer weiteren Realitäts- bzw. Traumebene mit eigenen Gesetzen, was dem Rezipienten zu diesem Zeitpunkt allerdings noch nicht voll bewusst sein kann, da es sich bei dem mysteriösen Fremden gleichsam um eine übersinnliche, geisterhafte oder sich von Fred eingebildete Erscheinung handeln kann, was er objektiv im Kontext der Realitätsebene auf der sich der Film bis dato abspielte, auch ist. Als Fred und Renée kurz darauf etwas überstürzt aufbrechen, nachdem Fred auch von Renées Freund Andy keine Informationen bezüglich des mysteriösen Mannes erhalten hat, scheint das Haus zu einer Art Portal (deutlich gemacht durch die Einstellung in der das Licht im Haus beim Vorfahren des Autos kurz aufflackert) geworden zu sein. Fred geht erst alleine hinein, da der mysteriöse Fremde sich hier ja offenkundig aufhalten soll. Renée folgt ihm kurz darauf. Das spärlich beleuchtete Haus scheint nun unendlich verwinkelt und der Rezipient tappt mit Renée orientierungslos im Dunkeln. Fred scheint in eine andere Welt verschwunden zu sein und sieht sich indessen das dritte Videoband an, das zunächst wieder nur die Fassade und den bekannten Gang in Schlafzimmer zeigt, diesmal allerdings ergänzt um die grausame Szene wie Fred sich selbst neben der zerstückelten Leiche seiner Frau sieht, die nicht zuletzt durch das verwackelte und körnige Bild der Videokamera bereits an die neue Horrorfilmgeneration denken lässt (siehe 3.9). Just in diesem Moment der schrecklichen Entdeckung, erhält Fred einen Faustschlag ins Gesicht und befindet sich auf einmal in einem Verhörraum der Polizei. Die Mordtat lässt sich also als dritte und letzte Ebene der Wirklichkeitsrepräsentation sehen, gleichwohl der Film sich nun ab der Verwandlung von Fred zu Pete in seinem eigenen Kosmos verliert.[153] Mit der Tat ist der Gipfel der Entfremdungsfantasie des ersten Teils erreicht und der Film beschleunigt sich nun zunehmend. Gleichwohl der Rezipient hierin durch die Verwandlung von Fred zu Pete keine kausalen Zusammenhänge mehr ausmachen kann. In dem Maße in dem sich der Film nun beschleunigt und Pete (als Abbild von

153 Vgl. Seeßlen: David Lynch, S. 159.

Fred?) versucht, dessen Fehler der Entfremdung oder auf sich geladenen Schuld zu revidieren, steigt auch die Verwirrung des Rezipienten, die durch das Doppelgängermotiv von Fred bzw. Pete noch eine zusätzlich unheimliche Komponente erhält. Das Doppelgängermotiv erscheint hier unter der Oberfläche auch (ähnlich wie bei *Psycho*, vgl. 3.2) ganz im Sinne von Freud als eine Wiederkehr des Verdrängten, obgleich wesentlich subtiler. Fred muss sich in Pete verwandeln um einen anderen (objektiven) Blick auf sich selbst zu bekommen. Hinweise hierauf geben beispielsweise der beiläufige Kommentar von Fred, als die Polizisten nach dem zweiten Videoband in Freds und Renées Schlafzimmer nach Spuren suchen („Ich erinnere mich lieber an Dinge auf meine Art und Weise und nicht unbedingt wie sie gewesen sind", was impliziert, dass er gewisse Dinge verdrängt) oder die Konfrontation des mysteriösen Mannes mit Fred, der nach seiner Rückverwandlung in ebenjenen (Fred), mit der Videokamera auf ihn zuhält als wäre es eine Waffe, woraufhin Fred verängstigt in seinem(?) Wagen flüchtet. Das Doppelgängermotiv wie es hier mithilfe Freuds dargelegt wurde, das hier auch gleichsam als Schizophrenie interpretiert werden kann, spielt also in jedem Fall eine zentrale Rolle bei der Erzeugung des Unheimlichen in *Lost Highway*, gleichwohl jeder Versuch den Film zu interpretieren, obwohl er dazu wie kein zweiter (und wie wohl jeder Lynch-Film) herausfordert, wohl zum Scheitern verurteilt ist, weshalb an dieser Stelle auch nicht weiter darauf eingegangen werden soll. Angst generiert der Film also gezielt durch die Zerstörung des „cinematographischen Horizonts"[154], dem das Doppelgängermotiv (oder die Schizophrenie) und die anderen narrativen und inszenatorischen Stilmittel untergeordnet sind und die wesentlich zur Verunsicherung des Rezipienten beitragen. Georg Seeßlen schreibt hierzu: „(...)der Mensch, der nicht einer ist, muss letztlich auch die Sprache und den Blick verändern und den cinematographischen Horizont zum Verschwinden bringen."[155] Im Gegensatz zu *Psycho* oder *Se7en*, die diesen cinematographischen Horizont in Form einer schlüssigen und kausalen Narration

---

154 Seeßlen: David Lynch, S. 169.
155 ebd.

bewahren und dadurch ein klar erkennbares Zentrum haben, das den Film im innersten zusammenhält, ist dieses Zentrum bei *Lost Highway*, wie mit dem Ende klar wird, als Fred derjenige ist, der zu sich selbst die Worte „Dick Laurent ist tot" spricht, ein Kreis, der nur aus einem Blickwinkel als einer erscheint. Verschiebt man seinen Blick jedoch nur um ein paar Grad, wie es bei der Interpretation eines Films unumgänglich ist, so erscheint er im Falle von *Lost Highway* nicht mehr als Kreis. Das Zentrum von *Lost Highway* ist demnach eine leere Stelle und die einzelnen narrativen Prozesse, die darum kreisen sind für den Rezipienten nicht in Einklang miteinander zu bringen. Dies führt im Film, nach dem sich die drei Wirklichkeitsrepräsentationen auflösen, zu einer ungeheuren Komplexitätssteigerung der wir bei der Rezeption des Films beiwohnen und aus welcher sich das Angstpotenzial in *Lost Highway* speist. Der Rezipient weiß irgendwann nicht mehr wo oben und unten ist und somit ist *Lost Highway* auch ein Film über die Unzulänglichkeit der menschlichen Wahrnehmung, was per se ja schon mit Angst konnotiert ist.

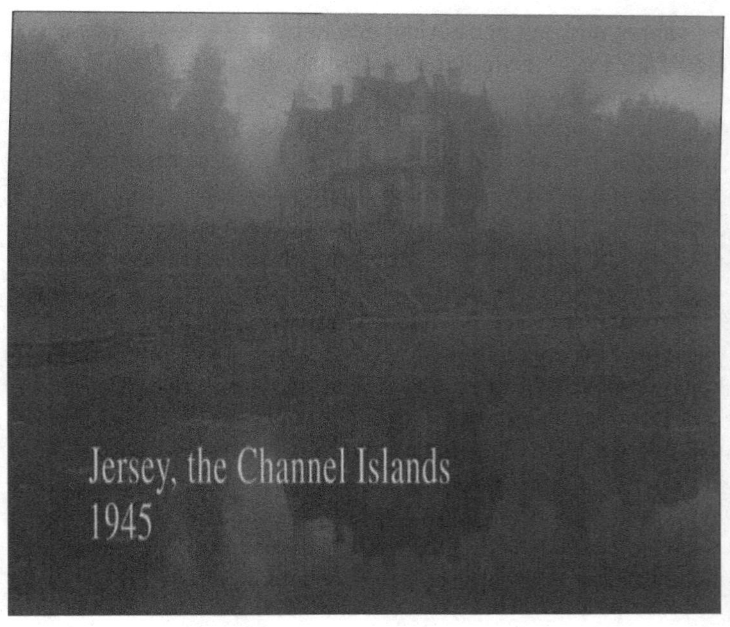

3.8 Zwischen Himmel und Hölle – Alejandro Amenábars *The Others*

The Others (2001) ist die erste amerikanische Koproduktion des spanischen Regisseurs Alejandro Amenábar, der zuvor mit den Filmen *Tesis* (1996) und *Abre los ojos* (1997; 2001 als *Vanilla Sky* von Cameron Crowe neu verfilmt) international für Aufsehen sorgte. Auf den ersten Blick erscheint *The Others* als klassischer Horrorfilm, der wie in der Gothic Novel üblich von einer Familie und deren dunkler Vergangenheit handelt.[156] Dementsprechend voll ist der Film mit ebensolchen Motiven wie dem des abgelegenen Hauses oder dem unheimlichen Eigenleben von Türen und erinnert in filmischer Hinsicht an Klassiker des Genres wie *The Haunting* (1963, Robert Wise) oder *The Innocents* (1962, Jack Clayton). Die Anordnung der einzelnen Szenen ist klassisch nach dem Prinzip der Spannungsintensivierung aufgebaut, er-

[156] Vgl. Meteling, S. 287.

fährt jedoch zum Ende eine überraschende Wende. Für den Rezipienten entfaltet sich so das ganze Ausmaß des Unheimlichen erst, als sprichwörtlich „Licht ins Dunkel" gelangt und die Identifikationsfiguren und Hauptcharaktere Grace (Nicole Kidman) und ihre beiden Kinder Nicholas (James Bentley) und Anne (Alakina Mann) als Tote enttarnt werden. Der Rezipient hat also nahezu den gesamten Film aus der Perspektive von Toten erlebt, was im Horrorgenre ungewöhnlich ist. Auch wenn diese Perspektive kein Novum darstellt (zwei Jahre zuvor verwendete bereits der Thriller *The Sixth Sense* diese Perspektive), so speist sich die beunruhigende Wirkung von *The Others* doch maßgeblich aus dieser Perspektive (und den dazugehörigen Elementen). Gleichwohl sie dem Rezipienten bis zum Ende nicht bewusst sein mag, wird sie natürlich angedeutet, beispielsweise in Form der Lichtallergie der Kinder als Umkehrung der Geister oder Gespenstereigenschaften.[157] Ein weiterer Indikator, dass es sich bei den Charakteren um Tote handeln könnte, ist die Rückkehr des Ehemannes aus dem Krieg und seine Äußerung: „Ich blute manchmal". Ähnlich wie *Alien* spielt *The Others* zudem mit der Technik des Andeutens um ein Spannungsmoment zu generieren, setzt im Gegensatz zu ersterem jedoch keinerlei Effekte bzw. blutige Szenen ein um den Rezipienten zu schockieren. Amenábar setzt diese Technik des Andeutens geschickt kombiniert mit der unheimlichen Szenerie des von Dauernebel umgebenen Hauses, seinen langen Korridoren sowie verwinkelten Räumlichkeiten ein und kreiert so eine Art klaustrophobisches Kammerspiel in der relativ komplexe Figuren agieren. Dies gibt den Schauspielern den nötigen Raum, weshalb die darstellerische Leistung für die unheimliche Wirkung von *The Others* von essentieller Bedeutung ist. So kann man in Nicole Kidmans Gesicht, als sie die Treppe hocheilt und den Blick in Richtung des unbenutzten Zimmers wirft, aus dem sie gerade komische undefinierbare Geräusche vernommen hat, eine nachdrückliche Angst erkennen, die sich ganz im Sinne Deleuzes, der für ein „Kino der Angst" das Gesicht als zentrales Merkmal anführt, auf

---

157 Vgl. Horst, Sabine: The Others. In: Vossen, Ursula (Hrsg.): Filmgenres: Horrorfilm, Stuttgart 2004, S. 346–350, S. 347 f.

den Rezipienten überträgt.[158] Auf der Metaebene wirft der Film Fragen bezüglich der „psychologischen und normativen Grundlagen der Institution Familie auf."[159] Grace scheint unter einer Art Kontrollwahn zu leiden, der das viktorianische Stereotyp der streng religiösen Mutter mit Hang zur Hysterie ergänzt.[160] Hiervon zeugen nicht zuletzt der Schlüsselbund mit den vielen Schlüsseln, den Grace stets bei sicht trägt, die angebliche Lichtallergie der Kinder oder der strenge Unterricht in dem immer wieder der religiöse Begriff des Limbus beschworen wird. Die Lichtallergie und der Limbus als Zwischenreich zwischen Himmel und Hölle, der nebenbei auch die zentrale Filmmetapher bildet, sind also Instrumente der Angst, die Grace die Kontrolle über ihre Kinder erhalten sollen. Zusammengenommen sind sie hier Ausdruck einer neurotischen Mutter-Kind-Beziehung, die im Mord an den Kindern gipfelte und sich nun fortführt, auch weil die in den Limbus gelangten Menschen noch nicht wissen, ob sie schon tot oder noch lebendig sind. Er thematisiert also unterschwellig die Frage nach Erziehungsmethoden, die auf Angst basieren und legt sie letzten Endes als bloße Kontroll- bzw. Machterhaltungsinstrumente der Mutter dar, ohne jedoch Grace dabei bloßzustellen. Letzten Endes hinterfragt der Film diese auf Angst basierenden Erziehungsmethoden und führt sie im Angesicht der Unwissenheit über den Tod und das was danach kommen mag, ad absurdum. Denn auch Grace und ihre Kinder glauben sich lebendig, ohne zu wissen, dass sie bereits einem limbusähnlichen Zwischenreich angehören. Der Film appelliert also in optimistischer Sichtweise (wie jeder Geisterfilm) an den Grundpfeiler aller Angst: den Tod. Womit man wieder bei Ernst Jünger und seiner im *Waldgang* aufgestellten These, dass alle Angst letzten Endes nur Angst vor dem Tod sei, angelangt. *The Others* verschiebt den Betrachtungswinkel und verweist mit dem irritierenden Ende bezüglich der Unwissenheit ob man nun tot oder lebendig ist, auf ein elementares und in diesem Zusammenhang dennoch hoffnungslos optimistisches Prinzip: das Fühlen. Solan-

158 Deleuze, Gilles: Das Bewegungs-Bild, Kino 1, Frankfurt a. M. 1997, S. 141.
159 Horst, S. 348.
160 Vgl. Meteling, S.287.

ge wir fühlen scheinen wir in irgendeiner Form lebendig zu sein. Egal ob als Geist oder Mensch.

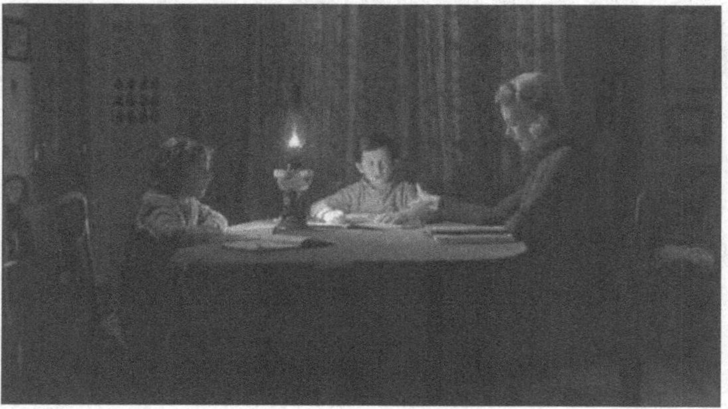

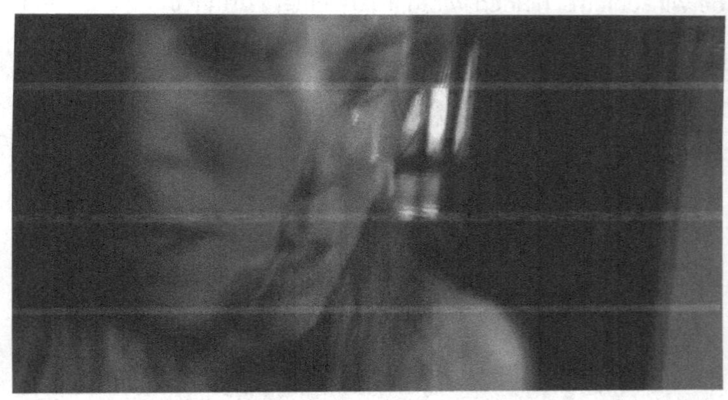

3.9 Der neue Horrorfilm als "Authentizitätswahn" – *[Rec]* von Jaume Balagueró & Paco Plaza

Durch die Digitalfilmtechnik begründet, kann man seit dem Erfolg von *The Blair Witch Project* (1998, Daniel Myrick & Eduardo Sanchez) von einer Phase des authentischen Fake-Doku-Horrors sprechen. Filme wie *Cloverfield* (2008, Matt Reeves), *Paranormal Activity* (2007, Oren Peli) und vor allem *[Rec](2007)* lassen seitdem nicht nur die Kinokassen klingeln, sondern drücken der Story mit unwahrscheinlichen Sujets (im Falle von *Cloverfield* einer Art Neo-Godzilla) einen Authentizitätsstempel auf, der selbst narrative Brüche in Kauf nimmt, um die Distanz zwischen Rezipient und Dargestelltem zu verringern bzw. aufzuheben und so Angst zu erzeugen. Dementsprechend ist der Hauptprotagonist in *[Rec]* von Jaume Balagueró und Paco Plaza die Kamera und nicht der Schauspieler. Diese Maxime ist es auch die den Horror des Films erzeugt. Die Aufnahmen der Kamera in *[Rec]* haben keinen personalen Point of view und der Kamera wohnt vielmehr der Zweck eines reinen Aufnahme- respektive Überwachungsinstruments inne.[161] Dies beinhaltet natürlich ein selbstreflexives

---

161 Vgl. Höltgen, Stefan: Horror im Umbruch, Rec und die Zerstörung der kinematographischen Unschuld, In: Schnitt, Das Filmmagazin # 57 01/2010, S. 17–19, S. 17.

Moment und der Film lässt sich auf der Metaebene durchaus als (nicht) zu Ende gedachte Konsequenz des Kreislaufes der Medienberichterstattung aus dem Privaten für das Private lesen. Dass dieses Phänomen an die scheinbare Authentizität im Film gekoppelt ist, liegt auf der Hand.[162] So probt das journalistische Filmteam z. B. zu Beginn von *[Rec]* Einstellungen für die beste Aufnahme und die Hausbewohner inszenieren sich im Film für die Kamera. Gleichwohl funktioniert allerdings auch *Rec* nicht ohne zumindest ein bekanntes Motiv aus der Horrorfilmgeschichte: Die klaustrophobische Enge des (abgeriegelten) Hauses. In sämtlichen Filmen ist dieses klassische Motiv, welches auch in Amenábars *The Others* vorhanden ist, immer wieder verwendet worden und paart sich im Falle von *Rec* mit jener unheimlichen Allgegenwärtigkeit der Medien. Die Handkameraaufnahmen erzeugen vor dieser Kulisse schwindelerregende Bilder einer mit Schrecken aufgeladenen Ästhetik. Zum Teil erinnern manchen Szenen auch an ein Computerspiel aus der Ego-Perspektive, z. B. wenn die Spezialeinheiten in *[Rec]2* kleine Kameras tragen und man im Bild nur ein Gewehr sieht. Zusammengenommen entfachen diese „abstoßenden" Bilder eine neue und doch altbekannte Rezeptionsweise die in verblüffender Weise an den Kurzfilm *L'arrivée d'un train en gare de La Ciotat* (1895) der Gebrüder Lumière Ende des 19. Jahrhunderts erinnert. Auch hier verließen der Legende nach Zuschauer schreckerfüllt den Kinosaal. Gleichwohl gehen diese Authentizitätsästhetiken, nicht zuletzt aufgrund des geschulten Auges heutiger Rezipienten, in *[Rec]* weit darüber hinaus und erzeugen eine Aufhebung der Distanz zwischen Film- und Zuschauerraum auch auf der narrativen Ebene. Als es im Film zum Überfall der Frau auf den Feuerwehrmann kommt, fordert die Moderatorin (Manuela Velasco) ihren Kameramann (Pablo Rosso) auf, ihr die Szene noch einmal zu zeigen. Nach anfänglicher Weigerung spult er die Kassette jedoch zurück und der Rezipient sieht diese Szene erneut. Die so erzeugte Kluft zwischen Erzählzeit und erzählter Zeit ist symptomatisch für die Ästhetik des Films, wurde

---

162 ebd.

doch zuvor schon durch die zwischenzeitlichen Kameraabschaltungen so etwas wie ein Eindruck von ungeschnittenem „Rohmaterial" (was zusätzlich authentizitätssteigernd wirkt) erzeugt.[163] Es stellt sich mit dieser Szene heraus, dass die ästhetische Strategie des Films in ihr Gegenteil kippt und *[Rec]* wohl ein Film ist, der zeigt wie Filme gesehen werden.[164] Dies führt gleichzeitig eingefahrene Genrekonventionen ad absurdum und lenkt den Fokus wieder auf die Entstehung des Unheimlichen in diesem Film. Das Unheimliche in *Rec* sind nämlich nicht nur die mutierten Zombies oder das durch die Seuchendrohung abgeriegelte Haus, sondern auch der mediale gewordene Horror der unsere Sehgewohnheiten torpediert.[165] Und *[Rec]* ist hier Auslöser und Indikator zugleich. Einerseits reflektiert der Film das Genre kritisch, andererseits drückt er ihm einen unkonventionellen Stempel auf, der diesen „Authentizitätswahn" der neuen Horrorfilmgeneration auf die Spitze treibt. Zu diesem „Authentizitätswahn" passen die Gerüchte, die besagen, dass Zuschauer während der Vorführung von *[Rec]* den Kinosaal verließen, gleichwohl diese bei nahezu jedem Horrorfilm in Umlauf gebracht werden (siehe *Paranormal Activity*). Dennoch schließt sich hier der Kreis zu den Gebrüdern Lumière. *[Rec] 3* und *4* sind jedenfalls angekündigt. Ob dann auch noch Kinozuschauer den Saal verlassen oder im Horrorfilmgenre schon das nächste große Ding vor der Tür steht, wird die Zeit zeigen. Louis Vax schreibt in seinem Aufsatz über das Phantastische, dass sich der frühere Rezipient immer die Frage stellte, ob das was er hört (die Rede war von unheimlichen Geschichten mündlicher Überlieferung) wahr sein könne.[166] Der momentane „Authentizitätswahn" im Horrorfilmgenre beweist, dass sich in der Rezeption von unheimlichen Geschichten also nicht allzu viel verändert hat, sondern vielleicht lediglich bestimmte Dinge im Laufe der Zeit ihre beängstigende Wirkung verloren haben (im Sinne einer natürlichen Transformation) und der Horrorfilm mit diesem Stempel der Au-

---

163 Höltgen, S. 18 f.
164 ebd.
165 Vgl. Höltgen, S. 19.
166 Vgl. Vax, S. 14.

thentizität konventionelle Muster in einen neuen Kontext setzen kann.

4. Fazit

Ebenso vielschichtig wie das Phänomen der Angst ist also auch die filmische Darstellung derselben, mit ihren unterschiedlichen Methoden und Motiven. Gleichwohl hier natürlich auch Kontinuitäten, allen voran die Kunst des Andeutens (vor allem in *Alien* aber auch in *Nosferatu*, *Se7en* oder *The Others*) existieren. Diese Kunst des Andeutens, dass eben nicht das ganze Grauen für den Rezipienten sichtbar wird und sich so vielmehr in der Phantasie vollzieht ist es wohl auch was eine nachhaltige Angst generiert, die nicht mit dem Ende des Films vorbei sein muss. Dieses Prinzip des filmischen Andeutens scheint an Urängste zu appellieren, die nach Alewyns Angstlust-These zwar schon weitgehend aus unserem alltäglichen Leben verdrängt wurden, aber dennoch in kreatürlicher Form vorhanden sind und mit der Form des Angstfilms wieder den Weg in unser Bewusstsein finden. Der Angstfilm fungiert also als der Eisbrecher, der die im Unterbewusstsein eingefrorenen Urängste wieder freilegt, um ein natürliches Bedürfnis an Angst zu stillen. Hierzu bedarf es nach Balint zum einen (siehe 2.2) dem Hervorrufen einer bewussten Angst, die im Film mit Ekel, Mord, einem fremdem Wesen oder der Veränderung der Wahrnehmung (Bsp. psychische Veränderung eines Protagonisten), also dem bewussten Herbeiführen einer Bedrohung oder Gefahr und den entsprechenden filmtechnischen Mitteln hervorgerufen wird. Zum Anderen muss der Rezipient sich in Sicherheit wiegen können (das Kino im äußersten Fall verlassen zu können) und eine mehr oder weniger zuversichtliche Hoffnung darauf haben die hervorgerufene Furcht durchzustehen. Der Angstfilm liefert im Idealfall also nur die Rezepte für unseren Kopf, in dem wir die Angst je nach individueller Veranlagung, sozialer Prägung sowie gesellschaftlichen und politischen Umständen unterschiedlich stark kreieren bzw. ausleben. Vor allem auf der Metaebene, aber auch durch die filmtechnische Weiterentwicklung und das zunehmend geschulte Auge des Publikums durch die Allgegenwärtigkeit von (Angst-)Filmen, lassen sich anhand der aufgeführten Beispiele Rückschlüsse auf mögliche Transformationen von Angst in Bezug auf die filmische Darstellung ziehen. So ist *Nosferatu* nicht zuletzt durch das geschulte Auge (also in filmtechnischer Hinsicht) heute gewiss kein nachhaltig Angst erzeugender Film mehr, durch das Nichtzeigen und die Technik des Andeutens lässt sich jedoch so etwas wie ein Gefühl des Unbehagens in manchen Szenen noch erahnen. Selbiges gilt für *Psycho* der mit Ausnahme der Duschszene, die auch heute noch nachhaltig Angst kreiert und so manch einem unter der Dusche noch den sprichwörtlichen „kalten Schauer" über den Rücken jagt, sowie einigen anderen vergleichbaren Szenen die vorrangig auf die Technik des *Surprise* zurückgehen, heute kein besonders nachhaltig Angst erzeugender Film mehr ist, was auch dem erklärenden Ende geschuldet sein mag. Anders verhält es sich mit *The Exorzist*, *Alien* und *The Shining*. Während *The Exorzist* und *Alien* auf der Metaebene von solch universellen Themen wie dem Verlust des Glaubens oder dem Prinzip von Zerstörung und Kreation (Geburt und Tod) handeln und demnach noch nachhaltig Angst erzeugen können, kreiert *The Shining* aufgrund seines offenen und verwirrenden Endes eine ebenso beunruhigende Wirkung. *Se7en* konfrontiert den Rezipienten mit sich selbst und drängt ihn zur Selbstreflexion und dem Infragestellen der eigenen Werte, woraus sich gepaart mit dem Nichtzeigen der Taten des Serienmörders eine nachhaltige Angst speist, während *Lost Highway* einen eigenen Kosmos der Angst erzeugt und durch die Unzulänglichkeit der Wahrnehmung natürlich wiederum gepaart den filmdramaturgischen Mitteln der Verunsicherung nichts von seiner unheimlichen Wirkung verloren hat. Als Vertreter des neueren Horrorfilms erscheinen *The Others* und *[Rec]* als konträres Paar. Während *The Others* sich klassischen aus der Schauerliteratur bekannten Motiven bedient und mit einem überraschenden Ende auf der Metaebene optimistisch auf die Unfassbarkeit des Todes und eine mögliche Existenz danach verweist, setzt *[Rec]* voll und ganz auf die brachiale Konfrontation mit Untoten im Fake-Doku-Stil, der sich so einer „Authentizität" schmückt und auf sich auf der Metaebene zudem als Kritik an der Allgegenwärtigkeit der Medien lesen lässt. Mit dieser neuerlichen, sich dem „Authentizitätswahn" verschreibenden, Horrorfilmgeneration schließt sich der Kreis zur Phantastik, die zum Teil auch den Wahrheitsgehalt der erzählten Geschichten betonte. Diese Filme sind heute natürlich häufig als Spektakel (im Falle von *[Rec]*) inszeniert und sorgen beim Rezipienten für „angenehme" Schockeffekte, ob sie jedoch in mittelfristiger Zukunft noch nachhaltig Angst generieren können, darf bezweifelt werden. Es zeigt sich also, dass eine nachhaltig generierte Angst auf der Metaebene immer an die großen Themen und hier vor allem den Tod gekoppelt ist. Als Triebfeder für Wissenschaft, Kultur und Kunst (und damit auch den Film) und Grundpfeiler der Angst, ist er allgegenwärtig, wenn auch in unserer Gesellschaft immer weiter verdrängt oder nur codiert sichtbar. Doch vielleicht liegt gerade hierin die Aufgabe (und auch Lust) des Angstfilms: Ein Sparringspartner für den letzten Kampf zu sein, auch wenn wir uns gewiss sein können, dass wir diesen Kampf mit Sicherheit verlieren werden.

Literaturverzeichnis

- Alewyn, Richard: Die literarische Angst, In: von Dithfurth, Hoimar (Hrsg.): Aspekte der Angst, München 1977, S.38–52
- Alewyn, Richard: Die Lust an der Angst, In: Probleme und Gestalten, Frankfurt a.M.1974, S.307–330
- Balint, Michael: Angstlust und Regression, Stuttgart 2009
- Baumann, Hans D.: Horror: Die Lust am Grauen, Weinheim 1989
- Böhme, Hartmut: Vom *phobos* zur Angst. Zur Transformations- und Kulturgeschichte der Angst, In: Harbsmeier, Martin, Möckel, Sebastian (Hrsg.): Pathos, Affekt, Emotion. Frankfurt a.M.2009, S.154–184
- Caillois, Roger: Das Bild des Phantastischen. Vom Märchen bis zur Science-Fiction, In: Zondergeld, Rein A.(Hrsg.): Phaicon 1, Almanach der phantastischen Literatur, Frankfurt a.M.1974, S.44–83
- Deleuze, Gilles: Das Bewegungs-Bild, Kino 1, Frankfurt a. M. 1997
- Delumeau, Jean: Angst im Abendland, Die Geschichte kollektiver Ängste im Europa des 14. bis 18. Jahrhunderts, Hamburg 1985
- Dorn, Margit: Vampirfilme und ihre sozialen Funktionen, Ein Beitrag zur Genregeschichte, Frankfurt a.M. 1994
- Droese, Kerstin: Thrill und Suspense in den Filmen Alfred Hitchcocks, Coppengrave 1995
- Engell, Lorenz: Vorlesung an der Universität Weimar: Der gute Film, 2. Wintersemester 99/00, 10.Vorlesung (12.01.00): „*The Shining*“, Stanley Kubrick, 1980, Online: http://www.uni-weimar.de/medien/archiv/ws9900/film/Film10.html (22.11.2011)

- Freud, Sigmund: Das Unheimliche, In: Freud, Sigmund: Psychologische Schriften, Band IV, Frankfurt a.M. 1982, S.241–274
- Fritsch, Matthias, u.a.: Wo nie zuvor ein Mensch gewesen ist, Science-Fiction-Filme, Angewandte Philosophie und Theologie, Regensburg 2003
- Heidegger, Martin: Sein und Zeit, Tübingen 1984
- Hentschel, Frank: Töne der Angst, Die Musik im Horrorfilm, Berlin 2011
- Hill, Rodney: The Shining, In: Castle, Alison (Hrsg.): The Stanley Kubrick Archives, Köln 2005
- Hurka, Herbet M.: Filmdämonen: Nosferatu, das Alien, der Terminator und die anderen, Marburg 2004
- Horst, Sabine: *The Others*. In: Vossen, Ursula (Hrsg.): Filmgenres: Horrorfilm, Stuttgart 2004, S. 346–350
- Höltgen, Stefan: Horror im Umbruch. *[Rec]* und die Zerstörung der kinematographischen Unschuld, In: Schnitt. Das Filmmagazin # 57 01/2010. S.17–19
- Jung, Ulli (Hrsg.) : Alfred Hitchcocks Handschrift, Vom literarischen zum filmischen Werk, Trier 2005
- Jünger, Ernst: Der Waldgang, Stuttgart 2008
- Käuser, Andreas: Angst: Begriff-Diskurs-Medium, In: Katalog zum Werkleitz Festival 2010: Angst hat große Augen, Halle (Saale) 2010, S.14–35
- Kierkegaard, Søren: Der Begriff Angst, Stuttgart 1992
- Koebner, Sascha: *Psycho*. In: Vossen, Ursula (Hrsg.): Filmgenres: Horrorfilm, Stuttgart 2004, S.147–153
- Koebner, Thomas: *Nosferatu – Eine Symphonie des Grauens*, In: Vossen, Ursula (Hrsg.): Filmgenres: Horrorfilm, Stuttgart 2004, S.40–49
- Kracauer, Siegfried: Von Caligari zu Hitler, Eine psychologische Geschichte des deutschen Films, Frankfurt a.M. 1984

- Lethen, Helmut: Verhaltenslehren der Kälte, Lebensversuche zwischen den Kriegen, Frankfurt a.M.1994
- Luhmann, Niklas: Ökologische Kommunikation, Wiesbaden 2004
- McLuhan, Marshall: Die magischen Kanäle, In Baltes, Martin (Hrsg.): Der McLuhan-Reader, Mannheim 1997, S.112–158
- Meteling, Arno: Monster: zu Körperlichkeit und Medialität im modernen Horrorfilm, Bielefeld 2006
- Nelson, Thomas Allen: Stanley Kubrick. *Spartacus, 2001: Odysee im Weltraum*, *Uhrwerk Orange*, *Shining*, München 1982
- Nietzsche, Friedrich: Also sprach Zarathustra, Köln 2005
- Nuber, Ursula: „Angst ist eine Möglichkeit der Selbstbestimmung", Interview mit Arnold Retzer, In: Psychologie Heute 02/2007
- Pallasmaa, Juhani: Das Ungeheuer im Labyrinth, Die Architektur von *The Shining*. In: Kinematograph Nr.19 (Schriftenreihe des Deutschen Filmmuseums Frankfurt a.M. 2004)
- Picht, Georg: Kunst und Mythos, Stuttgart 1996
- Riemann, Fritz: Grundformen der Angst, Eine tiefenpsychologische Studie, München 2009
- Ruthner, Clemens: Vampirische Schattenspiele, Friedrich Wihelm Murnaus *Nosferatu – Eine Symphonie des Grauens*, In: Will, Michael: Der Vampirfilm. Klassiker des Genres in Einzelinterpretationen
- Rzechak, Christina: *Der Exorzist*, In: Vossen, Ursula (Hrsg.): Filmgenres: Horrorfilm. Stuttgart 2004, S.188–S.194
- Sannwald, Daniela: Im Herzen der Finsternis: *Se7en*, In: Schnelle, Frank (Hrsg.): David Fincher, Berlin 2002, S.131–150

- Sartre, Jean-Paul: Der Aufschub, Hamburg 1962
- Schulz, Walter: Das Problem der Angst in der neueren Philosophie, In: von Dithfurth, Hoimar: Aspekte der Angst, München 1977, S.13–27
- Seeßlen, Georg: Ein endlos geflochtenes Band: *Lost Highway*, In: Ders.: David Lynch und seine Filme, Marburg 2007, S.152–174
- Seeßlen, Georg: Kino der Angst, Geschichte und Mythologie des Film-Thrillers, Reinbek 1980
- Seeßlen, Georg: Kino des Utopischen, Geschichte und Mythologie des Science-Fiction-Films, Reinbek 1980
- Shafy, Samiha: Lob der Angst, In: Der Spiegel 41/11.10.2010
- Shelton, Catherine: Unheimliche Inskriptionen. Eine Studie zu Körperbildern im postklassischen Horrorfilm, Bielefeld 2008
- Sobchack, Vivian Carol: Screening Space, The American Science-Fiction Film, New Brunswick 1997
- Truffaut, François: Mr. Hitchcock, wie haben Sie das gemacht?, München 2003
- Vax, Louis: Die Phantastik, In: R.A. Zondergeld (Hrsg.): Phaicon 1, Frankfurt a. M. 1974, S.11–43
- Vossen, Ursula (Hrsg.): Filmgenres: Horrorfilm, Stuttgart 2004
- Waldenfels, Bernhard: Das leibliche Selbst. Vorlesungen zur Phänomenologie des Leibes, Frankfurt a.M. 2000

Filmtitelverzeichnis

- Abre los Ojos, Spanien 1997, R: Alejandro Amenábar
- Alien, USA 1979, R: Ridley Scott
- Alien vs. Predator, USA u.a. 2004, R: Paul W.S. Anderson
- Blue Velvet, USA 1986, R: David Lynch
- Caché, Frankreich u.a. 2005, R: Michael Haneke
- Cloverfield, USA 2008, R: Matt Reeves
- Dark Star, USA 1974, R: John Carpenter
- Der ewige Jude, Deutschland 1940, R: Fritz Heppler
- E.T., USA 1982, R: Steven Spielberg
- IT: The Terror From Beyond Space, USA 1958, R: Edward L. Cahn
- L'arrivée d'un train en gare de La Ciotat, Frankreich 1895, R : Auguste & Louis Lumière
- Lost Highway, USA und Frankreich 1997, R: David Lynch
- Moon, USA 2010, R: Duncan Jones
- Nosferatu – Eine Symphonie des Grauens, Deutschland 1922, R: F.W. Murnau
- Nosferatu – Phantom der Nacht, Deutschland und Frankreich 1979, R: Werner Herzog
- Paranormal Activity, USA 2007, R: Oren Peli
- Psycho, USA 1960, R: Alfred Hitchcock
- [Rec], Spanien 2007, R: Jaume Balagueró & Paco Plaza
- [Rec]2, Spanien 2009, R: Jaume Balagueró & Paco Plaza
- Se7en, USA 1995, R: David Fincher
- Tesis, Spanien 1996, R: Alejandro Amenábar
- The Blair Witch Project, USA 1999, R: Daniel Myrick & Eduardo Sanchez

- The Exorzist – Director's Cut, USA 2000, R: William Friedkin
- The Fly, USA 1958, R: Kurt Neumann
- The Haunting, USA und Großbritannien 1963, R: Robert Wise
- The Innocents, Großbritannien 1961, R: Jack Clayton
- The Others, Spanien u.a.2001, R; Alejandro Amenábar
- The Silence Of The Lambs, USA 1991, R: Jonathan Demme
- The Sixth Sense, USA 1999, R: M. Night Shyamalan
- The Shining, Großbritannien 1980, R: Stanley Kubrick
- Twin Peaks: Fire Walk With Me, Frankreich und USA 1992, R: David Lynch
- Vanilla Sky, USA 2001, R: Cameron Crowe

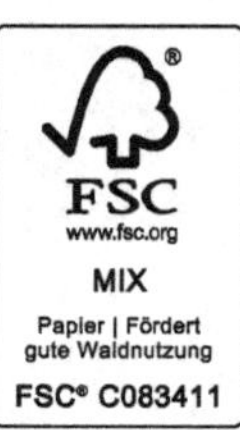

Zeitfracht Medien GmbH
Ferdinand-Jühlke-Straße 7
99095 Erfurt, Deutschland
produktsicherheit@kolibri360.de